Reinkarnation
i en nøddeskal

Hvorfor reinkarnation er et faktum

Else Byskov og Maria McMahon

Den første slurk fra
naturvidenskabens glas gør dig
til ateist, men på bunden af
glasset venter Gud

Werner Heisenberg, fysikker

New Spiritual Science
Bridging Spirituality and Science

www.newspiritualscience.com

Forfattere: Else Byskov, M.A., B.A. og Maria McMahon, BSc, Dip. H.E.Hyp/NLP/BSc

ISBN 9788743009023

"Forlag: BoD – Books on Demand, København, Danmark"

Originaltitel: Reincarnation in a Nutshell – Why Reincarnation Is Real.
Bogen er oversat fra engelsk til dansk af Else Byskov.

Cover Design: Sharon Brownlie

Alle billeder er brugt med behørig tilladelse.

Forord:

Velkommen til den første bog i Nøddeskals serien….

I denne serie vil vi tage forskellige spirituelle emner op – emner som menneskeheden har spekuleret over siden tidernes morgen. Blandt emnerne kan man finde: spørgsmålet om liv efter døden, reinkarnation, skæbne og karmaloven, hvad eller hvem er Jorden, findes der en Gud, hvad er livets struktur, hvor kommer vi fra og hvor går vi hen, menneskehedens evolution og mange flere.

Det er logisk, at når vi bevæger os ind på det spirituelle område, så har vi brug for at have adgang til indsigt i den spirituelle verden. Vi har denne indsigt fra Martinus, den danske intuitive visionær og mystiker, der levede fra 1890 til 1981. Da han var 30, oplevede Martinus en bevidsthedsudvidelse, som gjorde ham i stand til at se hinsides det fysiske eksistensniveau og ind på det åndelige niveau, hvor alt har sin oprindelse. Martinus havde opnået at få kosmisk bevidsthed, og han havde adgang til det videnshav, som universet rummer. Da Martinus døde i en alder af 90, efterlod han et livsværk bestående af 10.000 sider med åndelig visdom, og hans værk er den mest omfattende afsløring af åndelig indsigt der til dato er blevet givet til menneskeheden. Der findes ikke noget sidestykke til Martinus´ værk. Der findes ikke noget, der bare kommer i nærheden af det i omfang, dybde og udsyn. Det er et helt og holdent unikt værk og det besvarer alle de store spørgsmål og flere til. Det er en uudtømmelig kilde til indsigt om både det fysiske og det åndelige eksistensniveau. Man kan også sige, at det er en altomfattende filosofi om livs- og dødsmysteriet. Martinusmaterialet belyser alting og besvarer alle spørgsmål. Sandheden vibrerer ud fra hver eneste side, og når man har læst det, vil man aldrig mere kunne se på livet på samme måde som før. Man vil så indse, at man er et evigt væsen, der lever i et univers, hvor grundtonen er kærlighed. Det er fra dette uforlignelige materiale, at vi har den indsigt, vi præsenterer i Nøddeskals serien.

Lige nu finder en massiv spirituel opvågnen sted på planeten.

Det betyder at modtageligheden for Martinus´ værk vokser hver dag. Vi kan allerede se det I form af de mange bøger, der bekræfter aspekter af det, som Martinus siger, såsom bøger om nærdødsoplevelser, børn der husker tidligere liv og spontant begynder at tale om dem, mennesker der bliver befriet for livshæmmende traumer via regressionsterapi, mennesker der hører fra eller ser hilsner fra deres kære afdøde, mennesker der ser visioner af et overfysisk tilværelsesplan på deres dødsleje og mange flere. Det er som om den åndelige verden banker på ´døren´ til den fysiske verden og sige: hallo! Jeg er her! Se på mig, læg mærke til mig, studer mig, lær mig bedre at kende... jeg går ikke væk igen.

I denne bog vil vi se på spørgsmålet om, hvorvidt reinkarnation er mere en blot en trossags. Vores respektive opgaver er: Else vil forklare hvad Martinus siger om emnet. Hun er dansk og har studeret Martinus´ værk i over 24 år. Maria vil supplere hvad Martinus siger med eksempler fra livet her på det fysiske plan. På denne måde får vi viden både oppefra og nedefra. Eftersom de to passer sammen som hånd i handske er det svært at afvise sandheden i det, som I nu skal læse.

God læselyst!

Men før vi går videre, vil Maria forklare, hvordan vi mødtes og hvordan dette projekt kom i stand:

"Jeg har altid elsket at læse bøger som udfordrer min viden ud over det, jeg allerede ved, bøger der kaster nyt lys på det, jeg tror, jeg ved og får mig til at stille spørgsmålstegn ved det, jeg ved. Elses bøger og Martinus´ forbavsende værk har givet næring til mit ønske om mere viden ud over hvad jeg i min vildeste fantasi havde forestillet mig. Det var derfor at jeg, efter at have læst hendes bog ´Døden er en Illusion´ straks downloadede alle hendes bøges, fandt hende på Facebook, og blev klar over, at vi kun boede 30 minutter i bil fra hinanden i Sydspanien. Jeg måtte simpelthen møde hende og vi blev nære venner. Det forbløffer mig stadig, at Universet placerede os begge så tæt på hinanden. El lykkeligt sammentræf? Ja, så absolut!

I de år, vi har været venner, har vi haft mange lange og interessante samtaler om Martinus og den dybe indsigt vi har fået fra hans værk, så det var med den største glæde, at jeg var med på at arbejde sammen med Else på ´Nøddeskal serien´. Else var glad for det perspektiv, jeg kunne bidrage med, da hun havde læst mine to bøger og vidste, at jeg er lidenskabeligt interesseret i personlig udvikling og det spirituelle område. Denne bog er vores første teamwork og vi glæder os meget til at dele den med jer. Efter hvert kapitel, som Else har skrevet, vil jeg bidrage med min egen ydmyge mening om, hvordan jeg ser at dette kan påvirke os, og den dybe betydning det kan få for, hvordan vi lever vores liv i dag. Jeg kalder mine input: Ting at tænke over, og jeg opfordrer dig, kære læser, til selv af reflektere over disse aspekter og overveje hvilken indflydelse Martinus' værk kunne få på dit eget liv.

Hvad der især slog mig, da jeg hørte om Martinus første gang, var dette: Hvordan var det muligt, at denne uuddannede, fattige mand, som ikke havde adgang til viden ud over et par bøger, kunne komme op med indsigt og viden om verdensaltets struktur, som selv i dag er totalt overraskende. Han havde ingen adgang til internettet, og ingen, end ikke det 20. århundredes største genier, har nogensinde været i nærheden af at formulere et helt verdensbillede som både er dybt spirituelt og fuldstændigt logisk. Denne dybe indsigt kan kun været kommet fra en højere kilde... fra et andet eksistensniveau hvor al viden eksisterer og som vi mennesker ingen virkelig viden har om. Når man tænker på vidunderbørn... som er født med et ufatteligt musikalsk eller kunstnerisk talent ... hvor har de sådanne talenter fra? Ja, hvorfra? Jeg tror, at Elses bøger og Martinus´ værk kan gøre det helt klart for os, at den eneste logiske forklaring er, at vi reinkarnerer igen og igen. Det er mit håb, at du, kære læser, når du har læst bogen, selv vil kunne se logikken."

Indholdsfortegnelse

1. Introduktion

Er reinkarnation mere end ønsketænkning?

Ville det ikke være vidunderligt, hvis vi ikke kun levede én gang? Ville det ikke være fantastisk at vide, at døden er en illusion og at vi levede videre efter vores fysiske krop var holdt op med at fungere? Hvis vi med sikkerhed kunne vide, at døden ikke var livets afslutning, ville det så ikke gøre os langt mindre bekymrede eller bange, gøre os gladere og mere fortrøstningsfulde? Hvis vi med ét slag kunne fjerne al dødsfrygt, ville det så ikke give vores liv en helt ny mening og et helt nyt perspektiv?

Nu er det tidspunkt kommet, hvor vi kan sige, at reinkarnation er meget mere end ønsketænkning. Nu har vi beviserne, den underliggende teori og den logiske basis for at sige, at vi ikke kun lever én gang. For os, forfatterne til denne bog, er reinkarnation ikke et trosspørgsmål og det er ikke ønsketænkning. Det er et faktum. Vi har studeret dette emne i over 20 år og der er ikke skyggen af tvivl om, at vi lever videre efter det fysiske legemes død. Vi er også fuldstændigt overbeviste om, at vi kommer tilbage til det fysiske plan igen og igen. Vi har levet mange liv før dette og vi vil komme til at leve mange liv efter dette. Vores nuværende liv er blot ét i en serie af liv som vi lever her på jorden. Og i denne bog vil vi præsentere argumenterne, logikken og evidensen for disse påstande.

Denne lille bog er din nøgle til at forlade étlivs teorien. Denne bog vil få dig til at se den overvældende logik i reinkarnation, den vil vise dig, hvordan reinkarnation finder sted og den vil præsentere evidensen. Den vil afsløre grundene til, at det simpelthen ingen mening giver kun at leve ét liv. Vi vil også afsløre, hvor vi kommer hen, når vi passerer over på den anden side, hvad der sker der, og hvordan vi vælger vores næste forældrepar. Når du har læst bogen, vil du være overbevist om, at du er et evigt væsen på en uendelig rejse gennem fysiske og åndelige riger i et univers, hvor grundtonen er kærlighed.

Der er lige en vigtig ting, som vi må pointere: Når vi reinkarnerer, bevæger vi os fremad i evolutionen. Det betyder, at for hvert liv vi lever, bliver vi en bedre, klogere, mere moralsk og intelligent version af os selv.   Vi får en finere, mere avanceret og smukkere menneskekrop. Det er umuligt at reinkarnerer ind i subhumane arter såsom rotter, slanger og lignende. Denne vildfarelse synes at florere blandt østerlandske religioner, men det er hverken logisk eller overhovedet muligt at reinkarnere ind i arter, der er fuldstændigt fremmede for vores egen genetiske basis. Selv i vesten, vil de fleste mennesker, der ikke har studeret reinkarnation, associere det med at komme tilbage som en kat, en hund eller hvad det nu måtte være. Når du har læst denne bog, vil du vide, at det ikke er muligt og du vil komme til forståelse af, at du i dit næste liv vil blive et højere udviklet menneske end du er i dette liv.

Døden er ikke andet end et afbræk eller hvil fra vores fysiske livsoplevelse, og døden kan fint sammenlignes med søvnen. Når vi sover, forlader vi også vores fysiske krop, sådan at den nødvenlige reparation på mikroniveau kan finde sted, og når vi vågner, er vi stadig den samme person og vi fortsætter vores liv fra det punkt, hvor vi var, da vi faldt i søvn i aftes. I princippet er døden det samme. Vi forlader den gamle eller lemlæstede krop, og når vi reinkarnerer og får en ny krop, fortsætter vi vores udvikling fra det sted, hvor den stoppede sidste gang vi ´døde´. Døden er som en lang søvn, og når vi reinkarnerer og ´vågner op´ fortsætter vi simpelt hen vores rejse, fra nøjagtigt det sted, hvor den endte, sidste gang vi ´faldt i søvn´. Vi er på en evigt fortsættende rejse hen imod fuldkommengørelse, og hvert liv er som et skridt på den rejse. Vi er evige væsner, så der er ikke noget der haster, og vi kan ikke rejse forkert. Rejsen handler om erfaringsdannelse.

For 50 år siden var det mest buddhister og hinduister, der troede på reinkarnation, men det er ved at ændre sig drastisk. I dag spreder ideen om, at vi lever mere end én gang, sig ud over grænserne for de traditionelle religioner; ja, faktisk behøver man slet ikke at tilhøre nogen religion for at være overbevist om at reinkarnation er langt mere en blot et trosspørgsmål.

I traditionelt kristne lande såsom Sverige, Norge og Danmark tror en tredjedel af befolkningen på reinkarnation, og de gør det tilsyneladende uden at bekymre sig om, at kristendommen ikke støtter ideen. Mange mennesker forlader de traditionelle religioner, fordi de føler at den gamle nedarvede måde at anskue livet på ikke tilgodeser moderne mennesker, der lever i et samfund med et videnskabeligt helhedssyn. De føler, at der er så mange flere aspekter ved livet end dem, man kan læse om i de hellige bøger, og at de traditionelle religioner måske ikke har alle svarene på livets store spørgsmål.

Men man kan ikke dykke ned i spørgsmålet om reinkarnation, hvis man kun baserer sin indfaldsvinkel på det, den materialistiske videnskab kan tilbyde. Den har jo ikke noget at byde ind med på dette felt, og det er klart, at når man bevæger sig væk fra det, der kan ses, måles og vejes, så nærmer man sig et niveau, som den materialistiske videnskab ikke har noget kendskab til. Den materialistiske videnskab beskæftiger sig ikke med det åndelige eksistensniveau.

Så for at have en basis hvorfra man kan udforske reinkarnationsspørgsmålet, har man brug for en spirituel indfaldsvinkel. Som allerede nævnt i forordet er vores hovedkilde for åndelig indsigt det store værk, der er skrevet af Martinus (1890 - 1981), den store danske intuitionsbegavelse og mystiker. Gennem to dybe åndelige begivenheder, som Martinus gennemlevede da han var 30, oplevede han, at hans bevidsthed blev udvidet, og det blev snart klart for ham, at han havde fået kosmisk bevidsthed. Han var i stand til at se hinsides det fysiske eksistensniveau og ind på det åndelige niveau, hvor alting har sin oprindelse. Og sagen er den, at vi ikke kan besvare de store spørgsmål om liv efter døden og reinkarnation, hvis vi kun baserer os på den materialistiske videnskab.

Vores materialistiske videnskab kan kun besvare spørgsmål af en rent fysisk natur, og det er dens mission. Det var aldrig meningen, at den skulle beskæftige sig med livets åndelige sider. De åndelige aspekter kan ikke vejes og måles ligesom fysisk materie kan, og eftersom det åndelige niveau ikke er tilgængeligt for vores fysiske sanser, vil den materialistiske videnskab ikke være i stand til at kaste lys på livets åndelige aspekter. For at vi kan det, har vi brug for mennesker med åndelig indsigt. Og det var lige nøjagtigt det, Martinus havde. Han havde intuitionsenergien under sin viljes kontrol og det betyder, at hver gang han koncentrerede sine tanker på et bestemt spørgsmål, så kom svaret straks til ham. Baseret på sine intuitive evner blev han forfatter til mere end 10.000 sider åndelig visdom. Hans værk er den mest komplette åndelige vejledning, der nogensinde er blevet afsløret for menneskene, og det er stadig ikke særligt kendt. Faktisk kan vi sige, at det er verdens bedst bevarede hemmelighed. Grunden til, at det er så relativt ukendt, kan være, at Martinus var dansker og hele hans værk er skrevet på dansk. Det er nu ved at blive oversat til mere end 20 fremmedsprog, men i sin helhed kan det, på nuværende tidspunkt, kun læses på dansk. Else er dansker og hun har studeret Martinus´ værk siden 1995, hvor hun, til sin store overraskelse, stødte på materialet. Det er en underdrivelse at sige, at hun var begejstret. Hun var rødglødende af entusiasme og denne bog er hendes 7. om aspekter af Martinus´ værk.

Martinus´ værk kaldes også "Det Tredje Testamente" og det udgør nye retningslinjer fra det guddommelige eksistensplan til menneskeheden. Det er den længe ventede efterfølger til "Det Nye Testamente". De nye retningslinjer til menneskeheden er logiske, og de er totalt tilpasset til vores nuværende udviklingsniveau. De appellerer til vores intellekt og ikke så meget til vores følelser. De besvarer alle de store spørgsmål om livsmysteriet og dødsmysteriet. De forklarer, hvor vi kommer fra og hvor vi er på vej hen, hvorfor der ikke findes nogen død, hvorfor reinkarnation er meget mere end et trosspørgsmål, hvordan vi kan udforme vores skæbne, når vi bliver fortrolige med karmaloven, hvad livets struktur er, hvordan evolution og skabelse går hånd i hånd, og hvad livets overordnede plan er. Martinus´ værk er en uudtømmelig kilde til åndelig visdom, og det overgår alt, hvad der til dato er blevet afsløret om det åndelige eksistensniveau.

På trods af at det bliver kaldt "Det Tredje Testamente", er Martinus´ værk ikke et trosobjekt og det er ikke en basis for en ny religion. Det er ikke noget, vi skal tro på. Det er noget, vi skal studere og derefter se, om det ikke passer med det, vi kan observere ude I verden. Det er et supplement til livets egen tale. Når vi er i besiddelse af en vis mængde erfaring i vores mentale ´rygsæk´, så er vi blevet ganske gode til at forstå livets egen tale, og på det tidspunkt vil vi overgive os til den altgennemtrængende logik, der findes i Martinus´ værk. Vi vil så kunne se, at hvad Martinus afslører, er et komplet verdensbillede, baseret på logik, intelligens og kærlighed. Et verdensbillede kan kun være komplet, når det forklarer både det fysiske og det åndelige niveaus eksistens. Hvis vi kun ser på det fysiske niveau, hvilket er det, de fleste gør i dag, så har vi kun et halvt verdensbillede. Vi vil afsløre hele verdensbilledet i slutningen af bogen. Martinus´ værk er basis for en forening af videnskab og spiritualitet. Videnskab og spiritualitet skal forenes for at vores verdensbillede kan blive komplet.

I denne bog vil vi koncentrere os om begrebet reinkarnation, for det er af altafgørende betydning for vores forståelse af livet på denne planet. Martinus siger helt utvetydigt, at reinkarnation er basis for livet på jorden. Alle livsformer reinkarnerer, fra atomer, molekyler og celler, via organer, planter, dyr og mennesker til planeter og galakser. Verden er et meget mere magisk sted, end de fleste forestiller sig, og i denne bog vil vi løfte en lille flig af det slør, der dækker over denne store magi.

Ting at tænke over fra Maria:

Jeg tror bestemt på, at denne lille bog **er** din nøgle til at forlade étlivs teorien, sådan som Else antyder i indledningen. Jeg mener bestemt, at enhver har ret til at vælge, hvad de vil tro på, og at de tror på det, de gør, fordi de har deres egne unikke grunde baseret på den vej, de skal gå i lige netop dette liv. Når jeg bliver udfordret af mennesker, der ikke tror på noget som helst hinsides dette liv, og som fortæller mig, at min opfattelse bygger på vild fantasi og ønsketænkning, så spørger jeg ofte ´Men er det ikke bedre at tro, at dette kunne være sandt end at tro, at der slet ikke findes noget som helst?´ Hvad har man at miste ved at tro, at der kunne være en magisk verden bagved det, man kan se, føle på, høre, røre ved og smage i dette liv? Hvad tror du, kære læser?

Som børn hørte vi eventyr og troede på Julemanden. Mens vi voksede op, dykkede vi ned i fantasien og så science-fiction film. Hvorfor? Kunne det være, fordi vi et sted dybt nede ved, at der findes mere i verden end det, vi kan sanse med vores begrænsede sanseapparat? Jeg tror på, at vi alle er født med en viden om, at der findes mere, men denne viden bliver systematisk udraderet hos de fleste af os, mens vi vokser op. Vi bliver formet af, hvad samfundet fortæller os er sandt, og der er alt for mange mennesker, der ikke tør stille spørgsmålstegn ved det. Men flere og flere mennesker i dag er begyndt at stille spørgsmål, og den åndelige kursændring, som Martinus taler om, er allerede ved at ske. Hvis du læser denne bog, så er du, kære læser, en del af denne åndelige kursændring. Du stiller spørgsmål. Du tror, eller vil gerne tro, at der findes mere end blot dette ene liv.

Else nævner også i indledningen, at vi udvikler os fra liv til liv, og at vi, i vores næste liv, vil blive mere udviklede end vi er nu. Jeg blev vegetar, da jeg var 32. Der var ingen i min verden, der var vegetarer på det tidspunkt, og jeg blev betragtet som værende ´langt ude´. Alle ville argumentere med mig om, hvorfor det var normalt, naturligt og nødvendigt at spise kød. Men jeg var fast besluttet og intet nogen sagde kunne få mig til at skifte mening. Men hvorfor? Hvorfor var jeg så fuldstændig fast besluttet på at være vegetar? Hvorfor blev jeg så dybt berørt over de tusindvis (nu tusinde millioner) af dyr, der blev slagtet hver dag, at jeg simpelthen nægtede at være en del af dette massedrab? Der måtte jo være en forklaring, en god grund til det. Jeg kunne ikke selv forklare det, udover at jeg vidste helt ned i min sjæl, at det var forkert af mig at spise dyr.

Men den forklaring, jeg længe havde søgt efter, kom til mig ved at læse Elses bøger. Jeg havde engang i et tidligere liv lært, at alle livsformer er lige meget værd i skaberens øjne, og jeg havde bragt denne viden med mig ind i dette liv. Det var ikke en viden, der kom op til overfladen før jeg var over 30 (den alder, Martinus forklarer er det tidspunkt, hvor vi tager tråden op fra det sted vi stoppede vores udvikling i et tidligere liv). Der var ikke nogen anden forklaring, der gav større mening for mig.

Men vi kan selvfølgelig lære større medfølelse i dette liv og det bør vi altid stræbe efter ved at søge efter sandheden, ved at undersøge vores værdier og vores bevidsthed, ved at sætte os ind i det, der foregår i verden og tage nye standpunkter og valg ud fra det. Det er en måde, hvorpå vi kan udvikle os i et liv. Hvilke andre områder af dit liv ville have godt af en revurdering af dine følelser og din moral? Tænk over det, og måske bliver du overrasket over, hvad der dukker op. Du behøver naturligvis ikke at beslutte dig til at blive vegetar, men det kan være, at du beslutter dig til at have en kødfri dag en gang om ugen eller til kun at købe kød, der kommer fra mere humane opdræt. Selv det mindste skridt, du tager, er et skridt i den rigtige retning. Hver eneste kærlig tanke du tænker, hver eneste lille venlige handling, bliver ´sat ind´ på din åndelige ´bankkonto´. Så tænk over, hvordan du kan sætte midler ind på din bankkonto hver dag resten af livet, og dit højere selv vil takke dig, når din ånd forlader din krop og tager tilbage til den anden side for at få et velfortjent hvil, før det fører dig tilbage til et nyt legeme og et nyt liv på din evige udviklingsrejse.

2. Ånden og åndslegemet

I dag har ét-livsteorien et fast tag i de fleste mennesker, der bor i den vestlige verden, men ideen om, at vi kun lever én gang, er aldrig blevet bevist. Det er umuligt at bevise, at vores bevidsthed bliver udslukket, når det fysiske legeme dør. Faktisk er denne idé tæt forbundet med den gængse opfattelse, der påstår, *at vi er identiske med vores fysiske krop.* Mange mennesker tror, at vi opstod fra æg- og sædcellen ved undfangelsen og at vores eksistens blot bliver annulleret, når vi dør. De tror, at vi er opstået ud fra de to sexceller og at vi til sidst vil opløses helt og blive til ingenting. Men den forklaring er alt for simpel. De to sexceller kan ikke skabe et nyt legeme, uden at der er en tredjepart i form af et åndslegeme til stede. Vi må forstå, at vi ikke blot er vores fysiske krop, men *at vi først og fremmest er åndelige væsner*, der nu er nede for at opleve det fysiske plan i en forgængelig fysisk krop. Den fysiske krop er ikke den, vi er, den er blot vores ´rumdragt´ eller ´køretøj´ for vores midlertidige besøg her.

Den fysiske krop er ´blot´ et instrument for vores ånd, og for at forstå hvad ånden er, skal vi se på hvilke ´ingredienser´ ånden rummer, nemlig: vores jeg, vores bevidsthed og vores livskraft.

Men før vi gør det, må vi indse, at der er mere til i verden end det, vi kan se og røre ved. Vi må komme til erkendelse af, at der findes sådan noget som *usynlig, åndelig materie*. Martinus kalder denne form for materie for stråleformet materie, men det er i virkeligheden det samme som energi.

Stråleformet materie

Martinus kalder energi for stråleformet materie. Det er en usynlig, men målbar form for materie, hvis eksistens på ingen made betvivles af den videnskabsgren, vi kalder fysik. Indenfor fysikken kalder man denne form for materie elektromagnetisk stråling, og den er velbeskrevet og vel forstået. Alligevel vil mange mennesker protestere, når de hører, at usynlig materie findes, og de nægter at tro det. Men det er kun indtil deres mobiltelefon ringer. Eller indtil de begynder at roame trådløst på internettet og hente information ned derfra.

Alle vores trådløse apparater virker, fordi der findes sådan noget som stråleformet materie eller elektromagnetisk stråling. Når vores mobiltelefon ringer, er det fordi den har en specifik bølgelængde, som den opererer på, og den vil så trække den information ind, der ligger i det opkald, vi er ved at modtage. Hvis der ikke fandtes sådan noget som stråleformet materie, så kunne vi slet ikke bruge trådløse apparater såsom mobiltelefoner, tablets, radioer, fjernsyn, GPS osv. Intet trådløst ville virke, hvis der ikke fandtes elektromagnetisk stråling eller stråleformet materie.

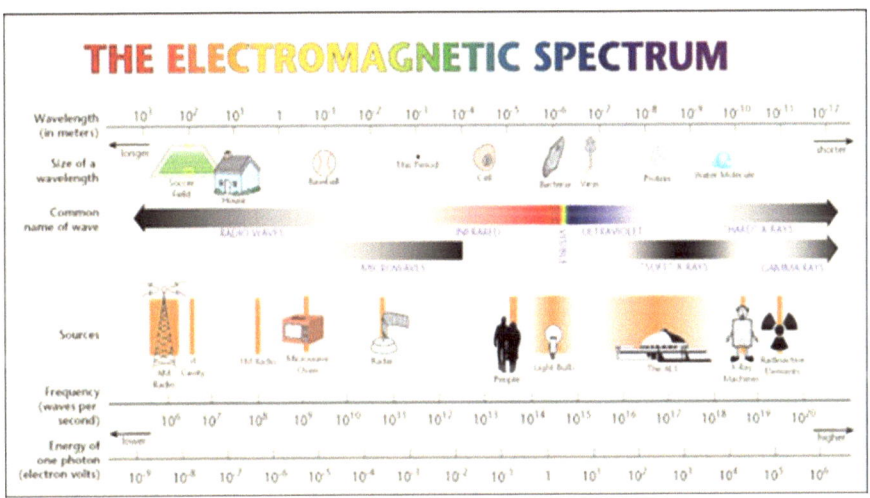

Det elektromagnetiske spektrum er veldefineret af fysikken, og det opererer på en bred vifte af bølgelængder og frekvenser.

Vores apparater virker, fordi stråleformet materie rummer information. Energi eller elektromagnetisk stråling er propfuld af information. Det ved vi, for det er ikke nogen hemmelighed for moderne mennesker, at vi får information ud af luften, når vi roamer med vores Ipad eller taler i vores mobiltelefon.

17

Det elektromagnetiske spektrum har en meget stor vifte af bølgelængder og frekvenser, så vi taler om en form for materie, som har mange måder at manifestere sig på, måder som endnu ikke er fuldt forståede. Stråleformet materie eksisterer på mange bølgelængder. Nogle af disse er velkendte og veldefinerede, som der fremgår af illustrationen ovenfor, men denne form for materie eksisterer også på bølgelængder, der er så fine, at de endnu ikke er blevet opdaget.

Stråleformet materie er energi, og der er energi overalt. Det er nu blevet klart, at det, som engang blev opfattet som ´det tomme rum´ overhovedet ikke er tomt. Det er propfuldt af energi. Lige om lidt skal vi se på, hvad der karakteriserer energi.

På grund af den konstante brug vi gør af denne usynlige type materie, så findes der næppe et moderne, velinformeret menneske, der vil påstå, at usynlig materie ikke findes. Det ved vi allesammens det gør, for vi benytter os af det hver dag.

For at forstå, hvad vores ånd / jeg / bevidsthed består af, er det vigtigt at slå fast, at usynlig, stråleformet materie har en faktuel eksistens.

Vores jeg

Vi har allesammens et jeg. Det er der ingen, der vil benægte. Der findes et jeg inde i alle levende væsner. Der findes noget inde i os, der oplever, og tænker, og har en vilje. Vi oplever dette som kernen i den vi er, som den enhed, der giver os en selvopfattelse. Det er denne enhed, der bestemmer, hvad vi gør. Det er den, der har det sidste ord at sige i vores krop.

Vi burger ordet jeg hele tiden. *"Jeg har lige været på ferie i Grækenland, jeg har lige været i bad, jeg har lige købt en ny kjole, jeg er vild med pizza, jeg elsker dig osv. "* Vi kan sikkert alle blive enige om, at vi har noget inde i os, som vi kalder jeg. Vi kan sikkert også blive enige om, at det, vi kalder jeg, er det, vi betragter som kernen eller essensen af hvem vi er.

Men den materialistiske videnskab støtter ikke ideen om, at vi har et jeg. Den påstår, at vores jeg eller selvopfattelse findes i hjernen.

Den tror, vi ER vores hjerne. Men alligevel går den ikke rundt og siger *"Hjernen har lige været på ferie i Grækenland, hjernen har lige været i bad, hjernen har lige købt en ny kjole, hjernen er vild med pizza, hjernen elsker dig osv. "* Det ville jo være det rene nonsens. Og det er klart, at på trods af, at den materialistiske videnskab siger, at vi ikke har noget jeg, så bruger vi allesammens ordet hver dag, så der er noget galt her, for det er åbenlyst, at vi har et jeg og ingen, der er ved deres fulde fem, ville benægte det. Dette jeg er kernen af hvem vi er, det er kernen i vores selvopfattelse, i vores opfattelse af at være et selvstændigt individ. Det er jeget, der bestemmer, hvad vi gør, for jeget har en vilje.

Men selv om vi gravede for evigt i den fysiske krop, ville vi være helt ude af stand til at finde en fysisk ting, som vi kunne identificere som vores jeg. Vores jeg består ikke af fysisk materie – det er en åndelig entitet. Vi kan også sige, at vores jeg er kernen i vores ånd og rundt om denne kerne, har vi vores bevidsthed. Vores jeg og bevidsthed udgør vores ånd og denne ånd består af energi.

Energi defineres som en form for kraft, som noget, der kan få ting til at bevæge sig. Og energi kan ikke opløses eller holde op med at eksistere. Energi kan ændre form, men ifølge termodynamikkens første lov, også kaldet loven for bevarelse af energi, kan energi ikke opløses. Det må derfor betragtes som en evigt eksisterende realitet. Vores ånd består af energi og ud fra den netop nævnte lov, er det ikke svært at forstår, at vi har en evig realitet i vores ånd.

Ånden er en energiboble og den er identisk med vores bevidsthed. Vores ånd og bevidsthed opererer på en specifik bølgelængde. Lad os nu se på, hvad bevidstheden er.

Bevidstheden

Vores bevidsthed er et elektrisk felt, der rummer vores jeg og alle de aspekter, der er typiske for det jeg. Blandt disse aspekter har vi: en følelse af at have et selv, en opfattelse af at være mig, af at have en kerne, som jeg kalder jeg / mig. Vores bevidsthed rummer også alle vores tanker, vores erindringer, vores intelligens, vores karaktertræk, vores personlighedstræk, vores talenter, vores tilbøjeligheder og alt det vi ikke kan lide, vores følelser, vores reaktionsmønstre, vores vaner og hvad vi kan nænne at gøre imod andre, vores medlidenhedsevne, vores evne til at udvise alkærlighed, vores moral og hele grundlaget for vores opførsel. Den rummer også al den viden, bevidst eller ubevidst, som vi har akkumuleret. Den viden, som vi har akkumuleret, danner basis for alle vores beslutninger, så den er meget vigtig for vores overlevelse. Ingredienserne i vores bevidsthed definerer, hvem vi er, ja, de udgør den allervigtigste del. Vi ER vores bevidsthed, for den rummer alle de aspekter, der gør os til den specifikke person, vi er.

De aspekter, der definerer vores bevidsthed, er reelle og faktuelle, og intet fornuftigt menneske ville benægte det. Og dog er INGEN af disse aspekter fysiske. Vi kan grave for evigt i den fysiske krop uden at finde en eneste fysisk genstand, der ville være identisk med vores bevidsthed. Vores videnskab siger, at bevidstheden findes i hjernen og at bevidstheden er opstået ud fra processer i hjernen. Men den teori er aldrig blevet bevist. Ingen har været i stand til at bevise, at bevidstheden opstår i hjernen. Denne teori er sandsynligvis opstået ud fra en mangel af bedre og ud fra en manglende viden om den åndelige materie. Bevidstheden har så mange aspekter og den er så unik for hvert enkelt menneske, at den simpelt hen ikke bare kan opstå ved at neuroner inde i hjernen gnides mod hinanden. Nej, for at forstå, hvad bevidstheden virkeligt er, skal vi medtænke eksistensen af en usynlig, elektrisk, men målbar type materie. Ingen af de ´ingredienser´, der definerer, hvem vi er, er fysiske. Alligevel er det klart for enhver, at vi har dem. Uden dem, ville vi ikke være den, vi er. De rummer vores jeg og selv. Ingredienserne i vores bevidsthed definerer hele vores identitet. Vores bevidsthed og jeg er den, vi i virkeligheden er. Vi kan også sige, at vores bevidsthed og jeg er hovedingredienserne i vores ånd. Den fysiske krop er blot et instrument for bevidstheden og jeget - et instrument, som bevidstheden bruger, så længe det er brugbart og fungerer.

Gennem ovenstående bliver det klart, at vi ikke kan definere, hvem vi er, udelukkende på basis af de fysiske ingredienser. Hvis vi ikke medtænker de åndelige aspekter i den, vi er, så står vi blot med død, fysisk materie. Vi kan ikke definere, hvem vi er, uden at tage bevidstheden og ånden med i betragtning. Alligevel påstår den materialistiske synsvinkel, at bevidstheden helt er opstået ud fra fysisk materie, ja, at den er et biprodukt af hjernens funktion. Det er dog uklart, hvordan det skulle gå til, da det er umuligt at få bevidsthed ud af død materie.

Vores bevidsthed sidder ikke i hjernen, men den sidder som en boble der omgiver og gennemtrænger hele kroppen, nemlig i auraen. Vi skal nu se på, hvordan dette kan begrundes, men først skal vi analysere hovedingrediensen i vores bevidsthed: tanker.

Hvad er tanker?

Vi ved alle, at vi har en masse tanker, der kører rundt i hovedet. Vi kan ikke se dem, og vi kan ikke gribe om dem og holde dem i vores hånd, men vi ved, vi har dem. De er en usynlig del af os, men en meget vigtig del, eftersom vores tanker står bag alt, hvad vi gør, siger og er.

Det er vigtigt at forstå, at vores tanker, på trods af at de er usynlige, har et håndgribeligt, fysisk aspekt. De kan måles. Når man placerer elektroder på en persons hoved, kan tankeaktivitet måles. Tanker er målbare, fordi de er små elektriske strømme.

Og nu kommer vi til et aspekt ved tanker, som ikke er velkendt, men som ikke desto mindre er et uomgængeligt faktum: <u>Vores tanker er små pakker af energi samtidig med at de bærer information</u>. Vores tanker gør to ting: de rummer information og de rummer energi. Det informationsbærende aspekt er kun den ene side af medaljen. Den anden side er, at en tanke også rummer energi. Det betyder, at en tanke har en dobbelt identitet: den rummer information og den rummer energi. En tanke er som en mønt med to sider. Den ene side rummer energi og den anden side rummer information. Man kan ikke adskille de to og tage den ene side væk.

Der er energi i vores tanker. Med energi kan vi bevæge og flytte rundt på ting, vi kan få ting til at virke og fungere. En tanke er altså et lille bundt af energi. Vores tanker er langt vigtigere end antaget. Vores

21

samlede mængde tanker rummer en masse energi, og denne energi er vores livskraft.

Livskraften

Det er energien i vores livskraft, der gør, at vi er levende. Det er tilstedeværelsen af vores livskraft, der udgør forskellen mellem en død krop og en levende krop. Vores livskraft er af elektrisk natur. Vi kan også tænke på den som et magnetfelt. Vi er elektriske væsener, og det er denne elektricitet, der gør det muligt for os at løfte vores lemmer, blinke med øjet og trække vejret. Det er elektriciteten i vores livskraft, der får vores hjerter til at slå og vores fordøjelse til at virke. Så snart livskraften forlader kroppen, kan kroppen ikke længere bevæge sig, fordi der ikke er mere elektricitet.

Den fysiske krop er kun et instrument for livskraften. Her skal det lige understreges, at livskraften udgøres af tanker, og tanker udgør vores bevidsthed, og vores bevidsthed rummer vores jeg. Så vi har en fin ´pakke´ bestående af tanker, bevidsthed, livskraft og vores jeg. Vi kan kalde denne pakke for vores ånd. Vores ånd er en elektrisk enhed, der indeholder alle oplysninger om, hvem vi er. Det ER hvem vi er.

Som vi lige har påpeget, er vores fysiske krop et instrument. Grunden til, at det er let at se, at kroppen kun er et instrument, ligger i, at der ikke er nogen fysisk forskel mellem en død krop og et legeme, der er i live. Begge har nøjagtigt de samme fysiske ingredienser: hud, muskler, hår, skelet, hjerte, lever, lunger, nyrer, øjne, ører, mund osv. Hvis de fysiske ingredienser i de to er identiske, hvordan kan det være, at den ene er død og den anden er i live? Det er tydeligt, at det ikke er de fysiske ingredienser, der gør kroppen levende. Det er ånden.

Når det elektriske felt eller ånden er trukket ud af kroppen, er kroppen blevet berøvet sin energikilde, og som ethvert andet elektrisk instrument virker det ikke uden elektricitet. Det er dødt uden sin energikilde. Dette kan ses, når den flade linje viser sig på skærmen af de overvågningsapparater, der anvendes på hospitaler. Når den flade linje viser sig, er kroppen blevet berøvet sin energikilde, og vi siger, at den er død.

Kroppen dør, når den ikke længere er et nyttigt instrument for ånden. Da kroppen er en fysisk ting, er den underlagt slitage. Når vi lever vores liv på det fysiske plan, bliver vores krop slidt og vi ældes. På et bestemt tidspunkt er kroppen ikke længere et egnet instrument for jegets / åndens oplevelse af det fysiske plan, og så det trækker det sig ud, og vi siger, at kroppen er død. Men den er kun død, fordi dets energikilde er trukket ud. Fordi det var ånden, der holdt kroppens fysiske ingredienser sammen, begynder kroppen at opløses og rådne, så snart ånden trækker sig ud. Men for ånden er det en god ting at frigøre sig fra kroppen, når den ikke længere fungerer, som den skal.

Af den grund er det dejligt at dø og noget, som vi alle kan se frem til. Døden betyder simpelthen, at vi er blevet frigivet fra den fysiske krop, der ikke længere er tjenlig. Døden er et princip for instrumentudskiftning. Efter et hvil begynder vi processen med at erstatte den gamle krop med en ny. Indtil vi har skabt en ny fysisk krop, skal vi leve et stykke tid i vores åndelige krop. Men da den åndelige krop rummer alle de ingredienser, der definerer, hvem vi er, ja, da vi virkelig ER vores åndelig krop, vil vi føle, at vi er helt den samme, som vi gjorde før. Nu er vi blot lettere og friere, eftersom vi ikke længere har den fysiske krop at trække rundt med.

Hvem vi er, er vores ånd, vi er IKKE vores fysiske krop. Dette punkt er meget vigtigt.

Er det muligt at underbygge, at vi har en ånd, og at denne ånd / bevidsthed / livskraft / jeg faktisk sidder omkring kroppen? Ja, så bestemt. Vi kan se åndens energifelt i vores aura.

Auraen

Alle levende væsener har en aura. Nogle mennesker kan se auraer, men selv om de fleste ikke kan, så kan auraen fotograferes og måles ved hjælp af moderne udstyr. Vores ånds energifelt er en elektrisk enhed, og fordi den består af energi, kan dets eksistens bekræftes af videnskaben.

Vores aura er identisk med vores bevidsthed. Man kan sige, at eksistensen af vores bevidsthed får et næsten fysisk udtryk i vores aura. Når vi ser på en aura, ser vi en synlig afspejling af vores bevidsthed. Som vi kan se, er vores bevidsthed ikke begrænset til hjernen, sådan som det er den gængse opfattelse i dag. Vores bevidsthed sidder som en boble rundt om og inde i den fysiske krop. Denne boble er det eller den vi i virkeligheden er: et energifelt der rummer alle oplysninger om, hvem vi er.

I 1939 fandt den russiske opfinder Semyon Davidovitch Kirlian ud af, at energierne i auraen kunne fotograferes ved hjælp af en bestemt teknik. Det betyder, at vi nu kan få vores aura fotograferet. Der er ingen tvivl om, at energifeltet i vores bevidsthed / jeg / livskraft ret faktisk eksisterer, for nu kan det fotograferes, og således kan vi se, at vi har et energifelt eller en aura rundt om kroppen.

Aura fotograferet ved hjælp af Kirlians teknik

Når vi dertil føjer det faktum, at et dødt legeme ingen aura har, så bliver det klart, at forskellen mellem en død og en levende krop er auraens eller bevidsthedens tilstedeværelse i og omkring kroppen.

Tilstedeværelsen af det elektriske felt er det, der udgør forskellen mellem levende og død. Når vi dør, viser der sig en flad linje på skærmen på overvågningsenhederne på hospitalet, og det betyder også, at energifeltet har forladt den fysiske krop.

Pakken

Så lad os opsummere, hvad "åndspakken" består af. Jeget / bevidstheden / livskraften udgør vores ånd. Ånden kan ses eller visualiseres i auraen. Ånden er den, vi i virkeligheden er. Det betyder, at vi primært er åndelige væsener - væsener hvis hele identitet består af åndelige, elektriske kræfter. Vi har altid vores åndelige krop. Fra tid til anden har vi også en fysisk krop ud over vores åndelige krop. Dette sker, når vi inkarnerer vores ånd eller jeg i en fysisk krop. Et legeme, der er i live, er en krop, der har en ånd indeni. Når der ikke er nogen ånd, er kroppen død. Uden ånden vil kroppen blive et lig, og den vil begynde at opløses næsten umiddelbart efter at ånden har forladt den.

Alle levende væsener har en ånd, og denne ånd er af ikke-fysisk natur. Den kan ikke ses med det blotte øje, og den kan ikke vejes. Men dets eksistens kan bekræftes, når vi bruger moderne apparater, fordi vi kan måle og fotografere, at der er et elektrisk felt omkring en krop, der er i live, og ikke noget elektrisk felt omkring en død krop. I ånden ligger alle oplysninger om, hvem vi er. Vi er vores ånd, vi er IKKE vores fysiske krop. Vores ånd eksisterer helt uafhængigt af, om den er tilknyttet en fysisk krop eller ej.

Magneten

Vores ånd er også en magnet. En magnet tiltrækker ting. Det betyder, at vi tiltrækker mennesker, omstændigheder, begivenheder og hændelser med vores ånd. Det er loven for tiltrækning, der opererer her. Lad os se på, hvordan det virker.

Fordi vores ånd er af elektrisk natur, har den en specifik vibration. Alt har en specifik vibration. Alle åndslegemer er forskellige, fordi den åndelige materie indeholdt i åndslegemet, er forskellig. Den åndelige materie, som findes i bevidstheden, består hovedsagelig af tanker. En glad tanke er forskellig fra en trist tanke. Fordi tankerne er forskellige, har de også forskellige vibrationer. På samme måde som det er forskelle i vibrationer, der bestemmer, om en farve er rød eller blå, er det også indholdet af tanken, som bestemmer vibrationen i en bestemt tanke. En munter tanke har en anden vibration end en deprimeret tanke. Fordi vores tanker er små bundter af energi, vil indholdet i tankerne bestemme deres vibration. Denne vibration opererer på en bestemt bølgelængde. Vores åndslegemes specifikke bølgelængde er defineret af den type tanker, vi tænker eller tillader at dominere i vores tankesfære eller bevidsthed.

Dette er et yderst vigtigt punkt, for når vi ved det, kan vi aktivt påvirke vores bevidstheds bølgelængde. Med positive tanker vil vores bevidsthed operere på en bølgelængde, som er forskellig fra den, bevidstheden ville have, hvis vi primært tænkte negative tanker. Positive tanker vil resultere i én specifik bølgelængde, og negative tanker vil resultere i en anden specifik bølgelængde. Men disse bølgelængder er også små magneter. Dette er en endnu vigtigere pointe. Det betyder, at vi kan bestemme, hvad vi tiltrækker med den type tanker, vi tænker. Med positive tanker tiltrækker vi positive aspekter af livet og med negative tanker tiltrækker vi negative aspekter af livet. Når vi tænker positive tanker, tiltrækker vi positive mennesker i vores liv, og med negative tanker tiltrækker vi negative mennesker. På den måde har vi en kæmpestor indflydelse på, hvad vi tiltrækker i vores liv. Martinus siger, at: "*Ethvert menneske er som en magnet, der tiltrækker netop de begivenheder og medvæsener, som kan bibringe det de erfaringer og oplevelser, som det i øjeblikket mest trænger til.*" (Martinus: To livs elementer (artikel)). Når vi aktivt arbejder på at forbedre vores tankeklima, vil vi tiltrække flere positive aspekter, end hvis vi ikke gjorde noget.

Men ikke kun det: Med positive tanker magnetiserer vi vores blod positivt og skaber en sund krop og med negative tanker magnetiserer vi vores blod negativt og skaber sygdomme. Det er værd at huske, for det er noget, vi i et vist omfang selv kan beslutte. Vi kan vælge, hvilke tanker vi tænker. Vores jeg har det sidste ord at skulle have sagt om, hvilke tanker der bliver tænkt i vores bevidsthed, så det er af afgørende betydning for vores overordnede velbefindende at træffe en bevidst beslutning om at pleje og dyrke positive tanker. Vibrationen og bølgelængden af vores bevidsthed bestemmes af den type tanker, vi tænker. En bevidsthed fyldt med negative tanker vil operere på en bølgelængde, som er forskellig fra den bevidstheds, der er fyldt med positive tanker.

Det betyder også, at en terrorists bølgelængde vil være meget forskellige fra en meget kærlig persons. Alle levende væseners bevidstheder opererer på en stor vifte af bølgelængder. Vi er alle meget forskellige, ikke kun i udseende, alder og køn, men endnu vigtigere: i vores bølgelængder. Det betyder, at vores bevidstheds bølgelængde er en meget vigtig faktor i, hvad der sker med os. Vi tiltrækker mennesker, omstændigheder og hændelser med vores bølgelængde. Vores bølgelængde bestemmes af vores jeg. Vores jeg er den vigtigste ingrediens i os. Vores jeg er den øverste hersker i vores krop. Vores jeg bestemmer vores bølgelængde og vores tiltrækningspunkt.

Det betyder også, at det er en overordentlig god ide at være bevidst om, hvilken type tanker vi tænker. Dette aspekt er ikke blot en mindre bagatel. Det bestemmer vores liv.

Hvordan ved vi, at tankerne er vigtige?

Nogle mennesker tror og siger, at tanker ikke er vigtige, og at det ikke betyder noget, hvad vi går rundt og tænker. Men det er bestemt ikke sandt. Dette kan understøttes af følgende observation:

Når vi ser på alle de menneskeskabte ting, der er omkring os, ved vi, at de allesammen, hver eneste af dem, uden undtagelse, startede som en tanke. Tanken går altid forud for den fysiske manifestation. En stol, et hus, et bord, en bil, en computer ... hvad som helst ... startede som en tanke. Tanken kan være opstået ud fra et fysisk behov, såsom et ønske om at have noget at sidde på, når man var træt eller en ide til forbedringer af det daglige liv, såsom huse, biler, computere og fly. De startede alle som en tanke. Derefter blev tanken sandsynligvis overført til papir i form af en tegning, og først da blev den skabt i fysisk materie. Alle menneskeskabte fysiske genstande startede som en tanke. De blev derefter manifesteret i fysisk materie. Vi kan også sige, at alle menneskeskabte ting på planeten er manifesterede eller materialiserede tanker. Vi lever i en verden af materialiserede tanker. Der er ingen undtagelse til dette.

Denne skabelsesproces er også gyldig på et højere niveau. Faktisk er hele den fysiske verden materialiserede tanker, ligesom alle menneskeskabte ting er. Det fysiske univers er de materielle tanker fra et højere væsen, Gud. Dette vil blive underbygget i sidste kapitel om livets hovedplan.

Nu skal vi se, hvad der foregår med ånden, når den har trukket sig ud af den fysiske krop.

Når livskraften forlader kroppen

Hvad sker der så med åndslegemet, når det forlader kroppen? Bliver det simpelthen opløst? Nej, elektricitets- eller energifeltet ophører ikke med at eksistere, bare fordi det ikke længere er knyttet til den fysiske krop. Det er ikke anderledes end med ethvert andet elektrisk apparat. Når vi trækker stikket ud til vores lampe, ved vi, at elektriciteten heller ikke ophører med at eksistere.

Energifeltet i vores livskraft bliver ikke opløst, bare fordi det ikke længere er knyttet til en fysisk krop. Ifølge termodynamikkens første lov, også kaldet loven for bevarelse af energi, forbliver den samlede energi i et isoleret system konstant. Denne lov betyder, at energi hverken kan skabes eller opløses / ødelægges. Da videnskaben fysik klart siger, at energi ikke kan opløses, betyder det, at vi står på fast videnskabelig grund, når vi siger, at energifeltet for vores ånd ikke bliver opløst eller ødelagt ved døden. Det opererer ikke længere i den fysiske krop, som det før boede i, men det eksisterer stadig. I et senere kapitel skal vi undersøge, hvad der sker med ånden, når den har frigjort sig fra den fysiske krop.

Nu skal vi undersøge et meget vigtigt aspekt af hvem vi er: vores talenter.

Talenter

Et meget vigtigt aspekt af vores bevidsthed er vores talenter. Vi er alle født med en masse talenter. Nogle mennesker er gode til at synge, nogle er gode til at male, nogle til at spille et musikinstrument, til at danse, lave mad, bage, skrive, tale fremmedsprog, lave træarbejde, fælde træer, tale offentligt, undervise, lære, forstå matematik, løbe på skøjter, løbe, vandre, klatre, slås, pleje de syge, kommunikere, designe, programmere, være innovative, tjene penge osv. Der er ingen ende på de mange forskellige talenter, som folk har.

Men hvor kommer talenterne fra? Arver vi dem blot fra vores forældre, sådan som det er den gængse opfattelse? Nej, det gør vi ikke. Det kan simpelthen ikke være sådan, fordi mange af os har talenter, som ingen af vores forældre har. Hvis et talent ikke deles med forældrene eller bedsteforældrene, hvor kommer det så fra? Videnskaben har ikke noget svar på, hvor vores talenter kommer fra, hvis de ikke deles med forældrene eller forfædre længere ude.

Men Martinus har et klart svar på dette: Vi har arbejdet hårdt for at få de talenter vi har. Der er kun én måde at blive god til noget på, og det er ved at øve sig. Vi ved, at når vi praktiserer noget, uanset hvor svært vi fandt det til at begynde med, vil vi i sidste ende blive bedre til det. Jo mere vi øver, jo bedre bliver vi. Til sidst finder vi, at det, vi har øvet os på, er så let, at vi ikke kan forstå, hvorfor vi engang kunne finde det svært.

Martinus forklarer det således: Når vi begynder at interessere os for noget og begynder at praktisere det, så skabes der en lille åndelig 'kerne' i vores bevidsthed. Dette er en talentkerne. Jo mere vi øver os, jo stærkere og større bliver talentkernen. De færdigheder, vi har udført et antal gange, gemmes i talentkernen, så vi ikke behøver at starte læringsprocessen helt forfra, hver gang vi øver os. Talentkernen er som en lille hukommelseschip, der kan rumme oplysninger om, hvordan en bestemt ting udføres. Jo mere vi øver os, jo flere oplysninger gemmes der i hukommelseschippen. Når hukommelseschippen er fuld, er vi blevet virtuoser til at udføre den specifikke opgave. Vi har så et stort talent for denne specifikke aktivitet.

Et talent er altså noget, vi selv har opøvet. Det er ikke noget, vi har arvet fra vores forældre. Vi tager vores talenter med os fra liv til liv, fordi de bliver lagret i vores skæbneelement.

Skæbneelementet

Oplysningerne i talentkernen bliver lagret i vores skæbneelement, som er en del af vores overbevidsthed. Skæbneelementet indeholder al den information, vi har erhvervet gennem øvelse i vores tidligere liv, så skæbneelementet indeholder mange talentkerner. Det kan sammenlignes med en ´container´ der rummer mange hukommelseschips. Når vi passerer over eller ´dør´, tager vi vores skæbneelement med os. Skæbneelementet er som et opbevaringssted, hvor alt, hvad vi har lært, ligger gemt. Denne lagerenhed er fuld af talentkerner fra alle de færdigheder, vi har praktiseret gennem vores mange liv. Nogle talentkerner er så fede, at den færdighed, de rummer, har nået perfektionsniveauet, nogle er mindre fede, og den færdighed, de rummer, har kun nået et mellemniveau, men den er der stadig, og vi kan arbejde videre på færdighederne i vores næste inkarnation.

Det betyder, at vi ikke mister de evner, vi har arbejdet hårdt for at blive gode til, når vi dør. Vi tager alle vores talenter med os. Skæbneelementet er det sted, hvor vi gemmer dem, og vores talenter ledsager os fra liv til liv. Skæbneelementet er et opbevaringsrum for alle vores talenter og evner. Men ikke kun for vores talenter og evner, men for alt, hvad vi er: vores personlighed, vores intelligensniveau, vores udviklingsniveau, hvad vi kan lide og ikke lide, vores vaner, vores humanitet, vores karaktertræk osv.

Også vores ar, fysiske såvel som mentale, opbevares i skæbneelementet. En meget dramatisk oplevelse i et tidligere liv kan kaste sine skygger ind i det næste liv og kan forårsage traumer og psykiske lidelser. Hvis vi er født med alvorlige traumer, der ikke har nogen åbenbar årsag i vores nuværende liv, er de helt sikkert ´ar´ på psyken fra en tidligere inkarnation. Disse kan være en meget tung byrde for personen, men den gode nyhed er, at de kan lindres meget ved hjælp af regressionsterapi (1).

Også fysiske ar kan opbevares i skæbneelementet og overføres til den næste fysiske krop. Eksempler på disse er modermærker og misfarvninger på huden såsom 'café au lait' pletter, eller højrøde ´portvins´ pletter. Når disse ar bliver overført til den næste krop, skyldes det, at de var forårsaget af et stort traume, der ikke havde tid til at helbredes ordentligt, før personen døde.

Under evidenskapitlet skal vi se på nogle eksempler på mentale såvel som fysiske traumer.

Fobier og angst

Mange fobier og angst har også deres oprindelse i et tidligere liv. Vi kan have levet igennem situationer, der førte til en tidlig død, og en sådan begivenhed kan have præget vores psyke så voldsomt, at det kan tage flere inkarnationer at komme helt over det. Hvis vi for eksempel druknede i et tidligere liv, så kan det godt resultere i angst for at være på søer eller på havet; hvis vi faldt ned fra en klippe i et tidligere liv, kan dette give anledning til højdeskræk, og hvis vi sultede i et tidligere liv, kan dette give anledning til et ekstremt fokus på mad, der kan føre til fedme eller spiseforstyrrelser såsom anoreksi / bulimi. Rigtigt mange fobier og angst, ja, faktisk de fleste af dem, har deres rødder i tidligere liv. Den gode nyhed er, at de kan helbredes via regressionsterapi.

1. *Regressionsterapi er en terapiform hvor terapeuten enten under en let trance eller hypnose fører patienten tilbage til det tidspunkt, hvor det traume, som patienten søger lindring for, opstod. Det vil i de fleste tilfælde være et tidligere liv. Metoden har vist sig at være meget effektiv til helbredelse eller lindring af både psykiske såvel som fysiske traumer. Der er skrevet mange interessante bøger om disse helbredelser – se f.eks. Brian Weiss´ bøger under bibliografien.*

Den traditionelle videnskab, især inden for psykologi og mental sundhed, har gjort meget for at forstå, hvordan fobier opstår, og hvordan de kan helbredes i det indeværende liv. Men videnskaben kan ikke komme op med alle svarene. Fobier og irrationel frygt, som dukker op i dette liv, kan have deres rødder i tidligere liv, og mange regressionsterapeuter, såsom dr. Brian Weiss, har fremlagt overbevisende eksempler, der bekræfter dette. Når absolut ingen årsag til en sådan frygt kan findes i ens indeværende, kan det ofte give svarene at rejse tilbage til et tidligere liv.

Alt, hvad vi er blevet på det tidspunkt, hvor vi ´dør´, er lagret i skæbneelementet, og vi tager alt, hvad livet har lært os, med ind i vores næste liv. Det er denne sum af, hvem vi er blevet, der markerer vores fremskridt i evolutionen, og det er ikke sådan, at vi skal starte fra bunden hver gang vi går ind i en ny fysisk krop. Vi tager det samlede resultat af, hvad og hvem vi er blevet til, med os hver gang vi ´dør´, og efter et hvil på det åndelige plan, tager vi det samlede indhold af vores skæbneelement med os ind i vores næste liv. Intet af det, vi er blevet til, på vores dødstidspunkt, er tabt.

Vi bygger videre på de akkumulerede talenter og visdom i vores næste liv, og på den måde udvikler vi os i visdom, intelligens og know-how for hvert liv vi lever. Vores mange liv på jorden kan sammenlignes med at gå op ad en stor trappe. Hvert liv er et trin op ad trappen. For hvert trin er vi blevet et bedre, klogere, mere tolerant og mere næstekærligt væsen. Nogle er kommet højere op ad trappen end andre, men vi kravler alle ubønhørligt op ad trappen. For enden af trappen finder vi fuldkommenhed, så i den forstand kan vi sige, at vi alle er genstand for at blive fuldkommengjort. Senere i denne bog skal vi se, hvad der mere er for enden af den trappe.

Vores skæbneelement, 'beholderen' for vores akkumulerede visdom og talenter ´sidder´ i det energifelt, som vores bevidsthed eller ånd består af.

Det, der overlever døden, og det, der reinkarnerer, er åndslegemet. Vi skal snart se nærmere på, hvordan reinkarnationsprocessen finder sted, men inden vi gør det, skal vi se på et andet interessant aspekt af den rolle, som vores ånd spiller i ét og samme liv.

Den største faktor i, hvem vi er i dag, er, hvem vi var før, hvad vi har været igennem, hvad vi har lidt og lært, hvad vi har praktiseret og oplevet.

Ting at tænke over fra Maria:

Ang. Stråleformet materie

Efter at have læst dette kapitel, kan vi så virkelig stadig tro på, at vi kun lever ét liv? Jeg kan ikke se, hvordan noget rationelt menneske kan tro på det, eftersom Else så klart viser os forskellen mellem en død krop og en, der er i live. Dette kan synes indlysende, indtil man virkelig begynder at tænke over det. Kroppen må logisk set være åndens opholdssted, og ånden må være kommet fra et andet rige for at slå sig ned i kroppen på det tidspunkt, hvor befrugtningen finder sted.

Tanker kan ikke ses eller bevises at eksistere, men ethvert menneske på planeten ved, at hans eller hendes liv styres af hver eneste tanke han / hun har, så vi behøver ikke at "bevise" deres eksistens for at vide, at de ikke blot er faktuelle, men at de bestemmer hver eneste ting, vi gør. Tanken aktiveres i hjernen og hjernen instruerer kroppen til at handle. Handling følger tanken; stå op, sæt dig ned, tal, grin, gå hen og få noget mad ... alt er styret af tanken. Else nævner, at tankeaktivitet kan måles ved hjælp af elektroder placeret på hovedet, og at vi med energi kan bevæge ting, få tingene til at virke og fungere.

Et interessant og sjovt eksperiment, du kan prøve hjemme for at bevise for dig selv, at dine tanker har magt og kan påvirke objekter, er at anskaffe et pendul og binde det til enden af et stykke snor. Du kan gøre det med en lille metalskive eller et hvilket som helst stykke metal, der har et hul i midten. Jeg har endda gjort det for nylig med en metalring fra en dåse og et stykke snor. Det fungerede supergodt.

Her er hvad du gør:
1. Læg din arm på låret eller på armen af en lænestol, og hold enden af snoren eller kæden mellem tommelfingeren og pegefingeren.
2. Stabiliser objektet. Det gør jeg ved at sige "Vær stille" et par gange, indtil det bliver helt stille. Jeg siger alt inde i mig selv og koncentrerer mig om, hvad objektet skal gøre.
3. Bed nu objektet om at svinge med uret for ja. Det begynder at svinge inden for få sekunder.
4. Bed det om at være stille igen.
5. Bed det nu om at svinge mod uret for nej.

Næsten uden undtagelse vil genstanden reagere på disse kommandoer. Du kan så tage det til det næste niveau ved at stille det spørgsmål, som er vigtige for dig, og som du søger et klart svar på. For eksempel hvis du har to jobtilbud og ikke ved, hvilket du skal tage. Jeg tror, at din underbevidsthed altid ved mere end du selv gør, så ved hjælp af denne metode kan du få adgang til din underbevidstheds visdom ved at spørge om, hvilket job du skal tage.

For at gøre dette skal du altid give klare instruktioner om spørgsmålet og svaret. Så for eksempel har du job 1 og job 2. Du skal spørge 'Skal jeg tage job 1?' Og tænke på det job. Du venter på et ja eller nej fra objektet. Efter et kort stykke tid svinger det med uret eller mod uret. Du kan dobbelttjekke dit svar og derefter spørge 'Skal jeg tage job 2?' Og næsten helt sikkert vil svaret være rigtigt i forhold til, hvad det første svar var; dvs. hvis job 1 var ja, vil job 2 være nej.

Det kan være ganske sjovt og du kan stille alle de spørgsmål, du vil.

Ideen om strålingsformet materie kan måske lyde lidt mærkeligt, men igen, sådan som Else forklarer det, er der ingen tvivl om, at det eksisterer, for nu om dage bruger vi det hver dag i vores liv. Engang for ikke så længe siden, var tanken om at kunne tale med nogen over telefonen (eller via en computer!), samtidig med at man kunne se dem live på skærmen, ren fantasi – det var science fiction, og det var sjovt at tænke på, men det var ikke noget, man troede ville blive en realitet. Det var ligesom man troede, at jorden var flad. Folk troede virkelig, at hvis man sejlede for langt væk, så ville man falde ud over jordens kant. Det virker jo dumt for os nu, fordi vi ved så meget mere. Jeg tror, at den tid vil komme, hvor Martinus´ arbejde vil blive almindeligt kendt og en sandhed, der accepteres som et faktum ... ligesom vi nu accepterer at jorden er rund.

Ang. Vores jeg

Selvom jeg har troet på tidligere liv i lang tid, følte jeg ikke desto mindre en mangel på forbindelse mellem mit nuværende selv - mit 'jeg' og mit jeg fra tidligere liv. Det er først for nylig, at det virkeligt gik op for mig, at jeg var den samme dengang som jeg er nu, og det var igen efter at have læst mange af Elses bøger som forberedelse til denne bog, at jeg virkelig ved, at jeg er den jeg er og altid har været det... Jeg kan ikke huske hvem jeg var, men hvem jeg var og hvem jeg er nu, er den samme ånd, udviklet til den person, jeg er nu. Det er nøjagtigt det samme for dig, og for hver eneste af os på denne planet i dag. Jeg opfordrer dig til virkelig at tænke over det!

Når du indser, at de gode og dårlige sider ved dig er resultatet af de mange liv, du har levet, giver dette en følelse af ubetinget kærlighed til dit indre væsen - det væsen, der er evigt, udødeligt, og som kun søger at udvikle sig til at kunne glæde andre, til kærlighed og harmoni i dette liv.

På samme måde er det sådan, hvis du lider af et følelsesmæssigt eller fysisk traume i dette liv, kan det være et tegn på, at du skal lære nye lektier for at hjælpe dig selv med at blive helbredt. Jeg er helt overbevist om, at følelsesmæssige traumer, som vi har lidt under i tidligere liv, vil, hvis de ikke er blevet løst, dukke op i vores nuværende liv. Virkelig helbredelse af en sådan smerte betyder generelt, at man skal dykke dybt ned i sjælen for at finde kærlighed til sig selv, finde accept af alt det, du er, for alt det, du har lidt, og lære at elske og tilgive dig selv til det punkt, hvor du er klar til at give slip på smerten.

Jeg tror, at Elses yderligere forklaringer om bevidsthed, tanker, livskraften, auraen og ´pakken´ giver et solidt åndeligt grundlag for en forståelse af, hvordan trådene i vores eksistens er strikket sammen. Kan du finde nogen huller? Kan du finde noget, der ikke giver mening, kære læser? Jeg ved, at jeg ikke kan.

Ang.: Magneten

Magneten forklarer, hvad du måske allerede kender som loven for tiltrækning. Hvis du finder dette interessant, og du gerne vil læse mere, anbefaler jeg at du checker Elses og min dobbeltbog på Amazon. Begge bøger går i detaljer om forskellige aspekter af loven for tiltrækning.

Ang.: Talenter

For mig er et af de mest overbevisende komponenter i Elses arbejde det om talenter: hvordan og hvorfor har vi fået de talenter, vi har? Dette er noget, der længe havde forundret mig, især når man ser vidunderbørn og undrer sig over, hvordan de kan spille som maestros eller synge som operadivaer ... men det giver perfekt mening, at de i tidligere liv havde en lidenskab for deres interesse, de studerede, praktiserede og forbedrede interessen, og de tager den viden med sig ind i deres næste liv. De har gjort det til det punkt, hvor vi ser dem som yderst begavede, og faktisk er de det, men de gaver, de har, er kun blevet erhvervet ved at praktisere det, de elsker i en periode over adskillige liv.

Og hvad med vores egne mere middelmådige talenter? Jeg plejede at tro, at jeg ikke var god til ret meget, men jeg indså, at dette var negativt tænkning, for når vi kigger dybt nok, indser vi, at vi alle har talenter og at vi alle er gode til noget. De ting, vi elsker og er gode til, er der, og vi skal anerkende dem og acceptere dem, og hvis vi er meget optagede af dem, kan vi fortsætte med at øve os og dermed forbedre disse færdigheder i dette liv. Jeg siger ofte, at jeg ville elske at være god til madlavning, men det er jeg ikke, og jeg har ingen interesse for det. Så det kommer ikke til at ske for mig i dette liv, og det er fint, fordi det ikke er meningen at det skal ske. Det har jeg det okay med. Jeg fokuserer på de ting, jeg elsker at gøre, og jeg glæder mig over at udvikle disse færdigheder. Læsning, skrivning, at hjælpe folk gennem min coaching ... det er her mine lidenskaber ligger, og jeg vil bruge resten af dette liv til at blive bedre til dem allesammen!

Så kig på dine egne talenter nu, og tænk på hvordan og hvorfor du elsker at gøre bestemte ting. Er det ikke fascinerende at tænke på, at det måske er fordi du lærte lignende færdigheder i et tidligere liv? Du kan endda have uudnyttede talenter, der venter på at blive opdaget, så vær ikke bange for at prøve nye hobbyer, spil eller sport. Det kunne være at der gemmer sig et geni inde i dig.

Ang.: Skæbneelementet / Fobier og angst

Else diskuterer hvordan ar, traumer og psykiske lidelser kan skyldes oplevelser, vi har haft i tidligere liv. Som klinisk hypnoterapeut har jeg haft personlig erfaring med dette og set folks liv ændret, når de kunne få adgang til tidligere liv under hypnose. En sådan hændelse fandt sted, da jeg deltog i et seminar for at lære regressionsterapi teknikker med den verdensberømte terapeut Denise Lynn. Hun tog ´patienten´, en kvinde, der var stærkt overvægtig, tilbage til et tidligere liv, og der blev det opdaget, at i dette særlige liv dikterede moden, at kvinder skulle bære meget stramme korsetter, bundet så stramt på ryggen, at det var svært for dem at trække vejret. Hun sultede sig, så hun kunne passe sine kjoler. På grund af korsettets tryk og mangel på mad udviklede hun åndedrætsproblemer og døde. Hen imod slutningen af hendes liv, lige før hun døde, spurgte Denise hende, hvilken lektie, hun havde lært i det liv, og som påvirkede hendes nuværende liv.

Hun sagde: "Jeg sværger, at jeg aldrig vil sulte igen!"

Det løfte havde været så stærkt, at det var kommet op til overfladen i dette liv, hvor hun var rædselsslagen ved tanken om at dø af sult. Derfor gik hun i den modsatte retning og spiste meget mere, end hun havde brug for. Kvinden græd, da hun kom ud af hypnosen og ønskede at dele noget med publikum. Hun sagde *'Jeg ved, at jeg levede det liv. Da jeg blev bedt om at se ned på mine fødder, kunne jeg se mine fødder! På grund af min størrelse nu har jeg ikke set mine fødder så længe, at jeg ikke ved, hvordan de ser ud mere. Men nu ved jeg, hvordan det er at være slank og se ned og se mine fødder. Jeg forstår nu, at jeg ikke længere har brug for den lektie, at jeg ikke kommer til at sulte, og at jeg kan lære at spise normalt."*

Alle i rummet var meget berørte, og vi følte alle det dybe følelsesmæssige indtryk, som oplevelsen havde på denne kvinde, og jeg tror, det forandrede hende for altid.

Fobier og frygt er også meget interessante at se på, og mens det er sandt, at vi til enhver tid kan udvikle fobier i vores nuværende liv (normalt som følge af en traumatisk begivenhed eller møde med nogen eller noget), har jeg igen, som terapeut, oplevet tilfælde, hvor vi bare ikke kunne finde nogen årsag i dette liv, hvilket betyder, at konventionelle terapeutiske metoder simpelthen ikke virker. I sådanne tilfælde kan regressionsterapi afdække sandheden om fobien, og så kan den frigives og heales. Skæbneelementet, som Else forklarer, gør det klart, hvordan og hvorfor det sker. Intet af det vi har lært eller oplevet, er nogensinde tabt for os. Det er hos os hele tiden.

Jeg foreslår normalt ikke regressionsterapi til en klient, medmindre vi har prøvet alt andet, og jeg er sikker på, at der ikke findes nogen årsag i dette liv. Men det kan være et meget stærkt terapeutisk værktøj til helbredelse. Hvis dette er noget, der har din interesse, så anbefaler vi helt klart, at du checker dr. Brian Weiss´ arbejde. Han er en af verdens førende autoriteter inden for regressionsterapi, og har gang på gang påvist hvor stærk en effekt denne terapiform har for at helbrede psykiske problemer i det indeværende liv.

3. Reinkarnationsprincippet

Cellefornyelse

Vores fysiske krop består af billioner af levende celler. Antallet af celler, der lever i kroppen, er svært at definere endeligt, for jo dybere vi graver ned i ingredienserne i kroppen, jo mindre enheder støder vi på. Inde i cellerne er der molekyler, og inde i molekylerne er der atomer og inde i atomerne er der kvarker, og indeni dem er der hadroner og inde i dem er der protoner og neutroner. Der synes ikke rigtig at være en bestemt mindste enhed, fordi jo dybere vi graver, jo mindre enheder finder vi.

Alle de elementer, som vores fysiske krop er opbygget af, har en begrænset levetid. Den gennemsnitlige levetid for vores celler er 3 måneder. Nogle lever op til 6 måneder, og nogle lever kun et par dage. Så dør de og erstattes af nye celler. På den måde er vores krop i en konstant fornyelsesproces. Denne fornyelsesproces gælder for alle celler i vores krop: blodceller, muskelceller, lungeceller, knogleceller osv. Nogle celler fornyer sig hurtigere end andre, men det er et videnskabeligt faktum, at efter ca. et år er alle cellerne i vores krop blevet fornyet.

Dette gælder også for vores hjerneceller. De gennemgår også en fornyelsescyklus. Dette punkt har været kontroversielt, fordi det er blevet antaget, at vi havde de samme hjerneceller hele livet. Det var vi på en eller anden måde nødt til. For hvis hjernecellerne også blev fornyet, hvor var så det konstante element i vores krop? I kroppen skal der være et konstant element, noget der altid er der på trods af cellefornyelsen. Der skal være noget, der rummer vores identitet, vores erindringer og vores følelse af at have et jeg, et selv. Dette konstante element blev antaget at være hjernecellerne. For hvis det ikke var hjernecellerne, og alle andre celler blev erstattet hele tiden, hvor var det konstante element i kroppen? Det er helt umuligt at forklare, hvis vi tror, at vi er identiske med vores fysiske krop. Så længe vi tror, at vi er identiske med vores fysiske krop og kun består af fysisk materiale, så kan vi ikke forklare, hvad der udgør kroppens konstante element, når nu alle vores celler fornyes hele tiden.

Men ny forskning konstaterer, at også vores hjerneceller fornyes. Det er en gruppe forskere under ledelse af neurologen Peter Eriksson fra Sahlgrenska Sjukhuset, Göteborg, Sverige, som har vist, at skabelsen af nye nerveceller fortsætter i visse dele af den menneskelige hjerne hele livet.

Så hvis vi holder fast i ideen om, at vi er identiske med vores fysiske krop, står vi nu med en krop uden noget konstant element. En sådan krop ville ikke være i stand til at huske noget ud over hjernecellernes levetid. Den ville ikke have erindringer, der var ældre end måske 6 måneder, men den ville heller ikke have nogen identitet og selvfornemmelse. Den ville være en tom skal af fysisk materiale i en konstant fornyelsesproces.

Den vedvarende og konstante fornyelse af vores celler eller fysiske materie betyder, at vi efter et år har en helt ny krop. Den ser måske ikke ny ud, og den undergår stadig en aldringsproces, men de celler, den består af, er nye. Alle cellerne, som vores krop bestod af for et år siden, er blevet erstattet af andre celler. Der er ikke én celle til stede i kroppen, der også var der for et år siden.

Lad os se på 3 forskellige billeder af en person i forskellige aldre. Vi har valgt billeder af Martinus, fordi han blev fotograferet på forskellige tidspunkter i sit liv. På det første billede var Martinus 11 år gammel, på det andet var han 30 år gammel, og på det tredje var han 68 år gammel.

Når man ser på de 3 billeder, ser man den samme person på forskellige alderstrin. Alligevel har de 3 legemer ikke en eneste celle til fælles. Men vi ser stadig på den samme person, det er der ingen tvivl om. Personen er den samme, men kroppene er forskellige - de består af fysisk materie, der er blevet erstattet af ny fysisk materie i tidsrummet mellem billederne blev taget. Vi ser på 3 forskellige kroppe, der ikke har en eneste celle til fælles, ikke en tøddel fysisk materie til fælles. De er forskellige kroppe.

Det fysiske legemes uhåndgribelige konstant

Når det overhovedet er muligt at være den samme person i 3 forskellige kroppe, skyldes det, at hvem vi er, det konstante element i vores krop, ikke er af fysisk natur. Det er ikke fysisk, det er åndeligt. Det konstante element i vores krop er ´pakken´ bestående af vores ånd eller bevidsthed, det energifelt, der sidder omkring kroppen i form af vores aura, som vi forklarede i sidste kapitel.

Når vi tager ånden / bevidstheden / jeget med i betragtning, er det let at forklare, hvordan vi stadig kan være den samme person, selvom vi beboer kroppe, der er under en konstant fornyelsesproces. Energifeltet i vores bevidsthed indeholder al information om, hvem vi er, og det er dette informationsfelt, der udgør kroppens konstante element. Åndens med bevidstheden rummer alt den information, der definerer hvem vi er. Vi ER vores ånd og ikke vores krop. Vi er først og fremmest åndelige væsener, ikke fysiske væsener.

Martinus 11 år gammel

42

Martinus, 30 år gammel

Vores bevidsthed med vores jeg og selv reinkarnerer konstant i kroppens evigt skiftende fysiske materie. Reinkarnation finder sted mange mange gange inden for den samme levetid. Reinkarnation er ikke noget usædvanligt. Det er en forudsætning for livet. Uden reinkarnation ville intet være levende.

MARTINUS 1958

Martinus, 68 år gammel

Sommerfuglen

Dette kan understøttes yderligere, hvis vi ser på sommerfuglen. Dette interessante insekt gør brug af 4 forskellige kroppe inden for én og samme levetid: først bor den inde i ægget, så bruger den en larves legeme, så befinder den sig i en puppe og endelig kommer den ud af puppen som sommerfugl.

Sommerfugleæg

Sommerfuglelarve

Larven forpupper sig

Sommerfuglen kommer ud af puppen

Det er krystalklart, at sommerfuglen bruger 4 forskellige kroppe i én og samme levetid. Kroppene er forskellige, men sommerfuglen er det samme væsen. Dette er princippet for reinkarnation gjort så synligt, at alle kan se det.

Så i naturen kan vi se reinkarnationsprincippet illustreret i sommerfuglens magiske transformation. Sommerfuglens transformationen kan siges at være mere dramatisk end vores egen, fordi sommerfuglen udskifter det meste af sin fysiske materie på samme tid, mens vores reinkarnation i den fysisk krops til stadighed fornyede materie, er mere gradvis.

Men vores kropslige fornyelse er stadig dramatisk. Man estimerer, at celleomsætningen hos et voksent menneske er ca. 50-70 milliarder om dagen. De fleste er slimhindeceller, der forer vores fordøjelseskanal fra mund til anus. Det betyder, at mere end 40 millioner celler udskiftes i timen, 700.000.000 i minuttet og mere end 10.000 i sekundet. Det er en ganske pæn celleomsætning!

Det konstante element i ethvert levende væsens fysiske legeme er dets ånd eller bevidsthed. Ånden leverer den energi, der er nødvendig for at opretholde livet. Energien i ånden / bevidstheden / jeget er det, der giver kroppens liv, det, der giver os evnen til at bevæge lemmer, til at tænke, føle, elske og eksistere.

Når vores krop er i en konstant fornyelsesproces, hvorfor ældes vi så?

Ok, så vores krop er i en konstant fornyelsesproces, så hvorfor bliver den ældre? Svaret på dette spørgsmål er ret komplekst, og hovedårsagen til aldringen er, at jeget eller åndslegemet, som holder den fysiske krop sammen, kun kan koncentrere sig i en vis tid på denne proces. Så snart jeget løsriver sig fra den fysiske krop, begynder kroppen at opløses. Det var jeget, der havde kontrollen over samarbejdet mellem de forskellige fysiske organer og celler, så jeget er af afgørende betydning for kroppens sammenhængskraft. Jegets evne til at opretholde denne sammenhængskraft er begrænset, og efter at have nået sit højdepunkt omkring de 30 år, begynder sammenhængskraften at slappes og aldring sætter ind. På et bestemt tidspunkt kan jeget ikke længere opretholde sammenhængen, og det trækker sig ud. Så dør kroppen.

Så årsagen til aldringen findes ikke i den fysiske krop, men i den åndelige krop. Da vi udvikler os hele tiden gennem livet, skal vi også have nye kroppe, som svarer til det evolutionsniveau, som vores ånd har nået. Det er altid ånd over materie eller ånden der kommer først. De fysiske legemer, vi beboer, er en direkte afspejling af vores mentale eller evolutionære standard. For hvert liv vi lever, udvikler vores kroppe sig: vi udlever og lægger bestemte tendenser bag os, vi overkommer sygdomme, vi bliver mildere, mere humanitære og mere alkærlige, så vores kroppe vil afspejle denne, vores forbedrede mentale tilstand. Af den grund kan vi ikke hele tiden have helt den samme slags krop. Hver gang vi reinkarnerer, får vi en ny krop, der afspejler det evolutionsniveau, vi har nået. Vi kan ikke have en moderne mand til at bo i den samme grove krop, som en Neanderthaler boede i. Derfor skal vores kroppe ændres lidt for hvert liv, vi lever, så de nøjagtigt afspejler det mentale og evolutionære niveau, vi har nået.

At være uden for kroppen og observere den ovenfra

Den simple kendsgerning, at vi ikke er vores fysiske krop, er blevet illustreret for Else personligt, fordi hendes mand engang oplevede at være uden for sin krop. Da Erik var 10, legede han med nogle venner på en gård, ikke langt fra hvor han boede. Drengene legede i laden og var kravlet op på hanebjælkerne under taget. Derfra sprang de ned i høet, der lå på gulvet, selvom de havde fået at vide, at de ikke måtte. Nå, men drenge er drenge og Erik sprang. Derefter huskede han intet i kort tid. Efter nogle minutter observerede han, fra en position højt over jorden, at der var en procession af en slags, der bar en livløs dreng ind i vaskehuset, hvor kroppen blev placeret på et stort bord. Menneskene omkring kroppen så meget fortvivlede ud og vidste tydeligt nok ikke, hvad de skulle gøre, for kroppen så meget død ud. Idet Erik observerede denne scene fra sit udsigtspunkt, indså han, at kroppen var hans. Åh nej, tænkte han, det er ikke så godt. Hvad vil min mor sige? Jeg er nødt til at komme tilbage. Han udførte derefter hvad han beskriver som et hovedspring og sigtede mod solar plexus.

Han kom så ind i kroppen og åbnede øjnene. De mennesker, der stod omkring ham, udbrød et lettelsens suk. Han følte sig ganske forvirret bagefter og gik langsomt hjem, trækkende på sin cykel og forsøgte at fordøje episoden. Oplevelsen havde gjort et stærkt indtryk på ham, men han fortalte aldrig nogen om den før mange år senere, da han endelig forstod, hvad der var sket. Oplevelsen efterlod ham med en fast overbevisning om, at han ikke er identisk med sin fysiske krop. Men Eriks oplevelse er langt fra enestående. Mange mennesker har rapporteret at være uden for deres fysiske krop, især dem, der har haft en nær dødsoplevelse.

Nærdødsoplevelsen

Her skal vi blot præsentere et par beretninger om nærdødsoplevelser. En nærdødsoplevelse opstår, når den fysiske krop er ophørt med at fungere, og kroppen erklæres klinisk død. Når en krop er klinisk død, har ånden forladt den. De tre følgende eksempler er fra Raymond Moodys bestseller 'Livet efter livet' fra 1975.

"Det var for omkring to år siden, og jeg var lige fyldt nitten år. Jeg kørte en ven hjem i min bil, og da jeg kom til dette bestemte vejkryds nede i byen, stoppede jeg op og kiggede i begge retninger, men jeg så ikke noget. Jeg trak så ud i krydset, og idet jeg gjorde det, hørte jeg min ven råbe af fuld hals. Da jeg kiggede op, så jeg et blændende lys, forlygterne på en bil, der drønede hen mod os. Jeg hørte denne forfærdelige lyd – det var siden af bilen der blev knust - og der var bare et øjeblik, hvor jeg syntes at passere gennem et mørke, et lukket rum. Det var meget hurtigt. Så svævede jeg omkring fem meter over gaden, ca. fem meter væk fra bilen, vil jeg tro, og jeg hørte ekkoet af sammenstødet dø væk. Jeg så folk komme løbende og stimle sammen omkring bilen, og jeg så min ven kravle ud af bilen, selvfølgelig i chok. Jeg kunne se min egen krop i vraget nede blandt alle disse mennesker og kunne se dem forsøge at få mig ud. Mine ben var helt krøllet sammen og der var blod overalt. " (Moody: "Livet efter livet", side 27).

Her er en beretning fra et hospital:

"Jeg husker at jeg blev rullet ind i operationsstuen, og de næste par timer var den kritiske periode. I løbet af den tid var jeg ude og inde af min fysiske krop, og jeg kunne se den direkte fra oven. Men mens jeg gjorde, var jeg stadig i en krop - ikke en fysisk krop, men noget jeg bedst kan beskrive som et energimønster. Hvis jeg skulle sige det med ord, ville jeg sige, at det var gennemsigtigt, en åndelig i modsætning til en fysisk krop ... (Ibid, side 40)

Og endnu en:

"Jeg var ude af min krop og kiggede på den fra omkring ti meters afstand, men jeg kunne stadig tænke, ligesom i det fysiske liv. Og hvor jeg tænkte var omtrent på højde med min normale kropslængde. Jeg var ikke i en krop som sådan. Jeg kunne føle noget, en slags - som en kapsel eller noget, som en klar form. Jeg kunne ikke rigtig se det; det var som om det var gennemsigtigt, men ikke rigtigt. Det var som om jeg bare var der - en energi, måske, som en lille kugle af energi ... (Ibid, side 40).

De sidste to korte beretninger afspejler eksistensen af en energikrop (med bevidsthed, "jeg" og følelse af selv) som nævnt ovenfor. Personerne kunne stadig se og tænke, og de følte, at de eksisterede i en energikrop, men de var stadig den samme.

Denne type beretning fra personer, der har været klinisk døde, og som, mens deres krop var på operationsbordet, kunne observere, hvad der foregik i rummet og nogle gange i korridoren uden for rummet, har naturligvis forundret hospitalspersonalet. Og igen, hvis vi tror, at vi er identiske med vores fysiske krop, kan vi slet ikke forklare et sådant fænomen, men når vi accepterer at vi ikke er vores krop, men at vi primært er åndelige væsener, er det ikke svært at forstå, at vi kan være uden for kroppen og stadig være i stand til at opfatte, sanse og observere.

Reinkarnationens logik

De, der er overbevist om, at vi kun lever en gang, ser ikke andet end uretfærdighed i verden. De ser, at små børn dør, før de fylder fem år, de ser flygtninge drukne i forsøget på at finde et bedre liv andre steder. De ser unge soldater i tyverne dø i krig, og de bliver meget forargede og siger, at verden er et meget uretfærdigt sted. Og det ville den faktisk være, hvis vi kun levede én gang.

Hvor er logikken eller retfærdigheden, hvis vi kun levede ét liv, og det ene barn bliver født hos velstående, omsorgsfulde forældre, og et andet barn bliver født hos forsømmelige, ligeglade forældre? Hvis vi virkelig kun levede én gang, hvad ville forklaringen så være på denne forskel? Hvor ville retfærdigheden være? Hvor ville logikken være?

Der ville hverken være forklaring, retfærdighed eller logik i bare at leve ét elendigt liv, og det var så det. Hvad ville årsagen være bag sådan et kort liv? Og hvorfor skulle en anden person leve et succesfuldt, lykkeligt liv og dø i en alder af 98 år? Bliver livet serveret på må og få ligesom maden i en billig kantine? Eller kan det være, at ideen om, at vi kun lever én gang, bare er en total misforståelse?

Ifølge Martinus har étlivs teorien absolut intet grundlag, ikke et logisk grundlag og bestemt ikke et retfærdigt grundlag. Hvis vi virkelig kun levede ét liv, ville der ikke være nogen retfærdighed til i verden. Ingen. Det ville, som mange mennesker tror, være totalt styret af tilfældighed.

Men vi lever ikke kun ét liv, og den død, som mange mennesker har en helt ubegrundet frygt for, er en enorm illusion. Der findes ikke sådan en død. Det, vi opfatter som døden, er intet andet end et vedligeholdelsesprincip, forstået på den måde, at vi kasserer den gamle og slidte fysiske krop og frigiver vores ånd fra den. Efter et ophold på det åndelige plan reinkarnerer vi i en ny og bedre krop og fortsætter vores udvikling i den. Døden er den mest naturlige proces, og den er ikke så stor en tragedie, som mange mennesker gør den til at være. Der findes ingen død, blot en legems- eller instrument udskiftning.

Det giver ingen mening kun at leve én gang. Hvad skulle meningen være? Hvis vi kun levede én gang, hvorfor lærer vi og bliver bedre til en masse hele livet igennem? Hele livet igennem høster vi erfaringer og visdom, vi vokser mentalt og moralsk, vi bliver bedre til mange ting, vi bliver mere humanitære og medfølende. Hvis alle disse aspekter kun skulle tjene os i ét liv, hvilket spild ville det så ikke være! Vores liv ville være et komplet spild af tid. I naturen ser vi, at alt bliver brugt og genbrugt. Dette princip er synligt for enhver at se, men hvis vi kun levede ét liv, ville dette princip pludselig ikke give nogen mening. Alt det, vi havde lært, ville bare være spildt. Ud af vinduet ryger det. Men det er heldigvis ikke sådan tingene er. Alt det, vi lærer, bliver gemt og opbevaret i vores skæbneelement, og det vil tjene os i fremtidige liv. Intet af det, vi har lært, er spildt.

Når vi først bliver klar over, at døden er en illusion, og at vi ikke kun lever én gang, så afslører der sig et helt nyt panorama for vores øjne. Vi lever et uendeligt antal liv, og hvis vi døde unge i vores sidste inkarnation, så kan vi få et langt liv i den følgende inkarnation.

Dette aspekt betyder, at det, vi ikke opnåede i et liv, kan vi opnå i et senere liv. I dag ser vi så mange mennesker, der desperat kæmper for at nå alle deres mål, idet de tror, at hvis det ikke lykkes, så vil de aldrig opleve de ting, de gerne vil. Dette er ikke en ide, der bidrager til at man lever et godt liv, hviler i nuet og værdsætter det, man har. Livet bliver så en frustreret kamp og ideen om, at vi kun lever én gang, gør alting stressende og meningsløst.

I dag forsøger mange par til at undfange et barn (1), og da det ser ud til at blive sværere og sværere, er der opstået en hel industri omkring kunstig eller assisteret befrugtning. Parrene bruger al deres

1. Sammenhængen mellem loven for tiltrækning og manglende undfangelse er ikke forstået til fulde, men det er et faktum, at man ikke kan fokusere på manglen af noget og samtidig tiltrække det. Både Else og Maria har skrevet bøger om loven for tiltrækning og det ville være en kæmpestor hjælp til fortvivlede par, der gerne vil være forældre, hvis de forstod hvordan loven for tiltrækning virker. Det ville hjælpe processen, hvis de holdt op med at fokusere på manglen og i stedet fokuserede på, hvor enkelt det er. Det hjælper ikke at overtænke denne naturlige proces.

mentale energi og store summer penge på ´undfang et barn projektet´, og det bliver ofte udmattende og kan nemt undergrave forholdet. Fordi de tror, at de kun lever én gang, tror de, at hvis det ikke lykkes, så vil de aldrig opleve, hvordan det er at være forælder. De føler så, at de er gået glip af et vigtigt aspekt af livet, og de bliver ulykkelige og deprimerede. Helt uden grund. De har utvivlsomt været forældre i mange tidligere inkarnationer, og de vil blive det igen i fremtidige liv. Der er ikke noget definitivt ved 'ikke at opnå det, man vil'. Der er masser af tid foran os til at gøre alle vores ønsker til virkelighed. Der er virkelig ikke noget der haster, og ikke noget at blive stresset over. Evigheden er vores legeplads, og vi har bogstaveligt talt al den tid der findes i verden.

Ingen kan forstå sin skæbne set i et étlivs perspektiv. Karmaloven regulerer vores skæbner og vi høster som vi sår.

Hvad vi har sået i ét liv, kan komme tilbage til os i et senere liv. Vi sår simpelthen så meget karma, at der ikke er nok tid i ét liv til at få det hele tilbage i samme inkarnation. Så hvis vi har sået mørke og elendighed for andre levende væsener i et tidligere liv, så vil den heraf følgende karma styre vores skæbne i et senere liv. Hvad vi gør mod andre, gør vi i sidste ende imod os selv, så vi er selv herre over vores skæbne.

Indhøstningen af det, vi engang har sået, kan strække sig ud over flere fremtidige inkarnationer, og dette er et vigtigt punkt at blive klar over. Skæbne og karma vil blive emnet for den næste bog i denne serie – Nøddeskals serien.

Universet er et yderst retfærdigt sted. Der findes et kosmisk ansvarsprincip, og det betyder, at enhver lille ting, vi gør, vil få konsekvenser. Hvis vi gør gode gerninger, så vender de tilbage til os som god karma, og hvis vi gør onde og uhyggelige handlinger, så vender de tilbage til os som mørk karma. I dette liv eller i et fremtidigt liv. Vi sidder alle ved vores skæbnes rat, og alt, hvad vi gør, kommer tilbage til os, før eller senere. Det kan tage lang tid for den karmiske bølge at komme tilbage til os, så en gerning, der såes i et liv, kan komme tilbage i et senere liv, men den kommer tilbage. Karmaloven er ubønhørlig, men karma er ikke en straf. Det er en kærlig belæring, der skubber os i den rigtige retning mod at blive rigtige mennesker.

Universet er så retfærdigt, at "selv hårene på dit hoved er talte". Dette blev udtalt af Jesus for 2000 år siden, men hvor mange af os har indset det? Jesus sagde også: "Sæt dit sværd tilbage til sin plads; for alle, der ombringer med sværd, vil blive ombragt med sværd. " (Matteus 26:52). Dette er en direkte henvisning til karmaloven: Hvis du dræber ved sværdet, vil du blive dræbt af sværdet.

Hvordan kunne verden være et retfærdigt sted, og hvordan kunne "hårene på vores hoved være talte", hvis vi kun levede ét liv?

Med reinkarnationens logik ligger der nu et helt nyt perspektiv for vores undrende øjne. Vores skæbner bliver udjævnet over en række liv, og hvis ét liv er meget elendigt, må vi forstå, at dette liv kun er en enkel tone i en hel sang. Et elendigt liv er ikke et endelige bestemmelsessted, men et enkelt skridt på vejen mod fuldkommengørelse. I senere liv vil vi leve i lykke og velstand. Vi må alle gå igennem det samme for at blive det samme: Mennesket, i Guds billede efter hans lignelse. Mere om dette senere.

Hvor kommer alle sjælene fra?

Nogle mennesker nægter at tro på reinkarnation fordi de siger, at det ikke kan passe, fordi jordens befolkning vokser. Da antallet af mennesker, der bor her, stiger, ville der ikke være nok sjæle til at bebo de nye kroppe.

Men det er en meget begrænsende opfattelse, faktisk en opfattelse, der begrænser livet i universet til en lille planet: jorden. Men livet er ikke begrænset til denne planet, og det vrimler med liv overalt. Hele universet vrimler med liv, og på utallige planeter er der mennesker ligesom os, der også er på en evolutionær rejse i kroppe ligesom vores. Vi er ikke den eneste menneskehed, der lever i universet, og der er trillioner og trillioner af sjæle, der er ivrige efter at reinkarnere.

Vi tilhører den samme planet i en række inkarnationer, så længe vores mentalitet er på bølgelængde med planetens mentalitet, som også er et levende væsen. Det ligger ud over grænserne for denne lille bog at gå videre ind i dette interessante emne, men lad os bare sige, at vores ånd kan hoppe fra den ene planet til den anden mellem inkarnationer i henhold til evige love.

Der er ingen mangel på sjæle eller åndslegemer, der kan reinkarnere på denne planet. Faktisk siger Martinus, at Jorden har plads til mange flere mennesker end dem, der er her nu.

Vores planet er et meget rigt sted med masser af overflod, og den kan forsyne et meget større antal mennesker med mad end dem, der er reinkarneret her nu. Det vil naturligvis hjælpe, når vi reducerer antallet af husdyr, der også skal fodres.

Men da flere og flere mennesker skifter til en plantebaseret kost, vil det ikke være et problem i fremtiden.

Universet er et meget mere magisk sted end de fleste mennesker forestiller sig.

Ting at tænke over fra Maria:

Ang.: Cellefornyelse

Når du ser på et billede af dig selv som baby, tænker du så ikke 'Wow, hvordan kan det engang have været mig? Eller du bladrer igennem et gammelt fotoalbum (eller på din smartphone i disse dage!) og ser dig selv på forskellige alderstrin og tænker på, hvor anderledes du ser ud nu! 'Det er et faktum, at vi konstant reinkarnerer ikke blot vores fysiske legemer, men også vores åndelige. Jeg er 60, mens jeg skriver dette, og jeg ved sikkert og vist, at jeg ikke er den samme person, som jeg var, da jeg var 20. Hvordan kunne jeg overhovedet være det? Vi lærer hele tiden, vi vokser, udvikler os og ændrer os følelsesmæssigt og åndeligt for hver time, der går.

Tænk på dit liv som det er i dag og tænk så tilbage på de forskellige stadier af dit yngre jeg. Hvor meget klogere er du nu? Hvor meget mere følelsesmæssigt moden? Vi kan næsten alle sammen se, at vi har ændret os. Else forklarer dette ved at vise os 3 billeder af Martinus, men jeg husker også at jeg har læst om denne ide i dr. Wayne Dyers bog "Wishes Fulfilled".

I bogen siger han: *'Tænk over, hvor mange kroppe du har brugt siden fødslen. Hvem er det jeg, der hele tiden forlader den ene krop efter den anden for så at tage en ny krop i besiddelse? Du ved sikkert, at du - den person, du kalder jeg, den som forsøger at finde ud af, hvem du er - startede i en lille babykrop, der vejede et sted mellem fem og ti pund. Det jeg, du er, tog denne lille babykrop i besiddelse. Gradvist voksede du ud af babykroppen og tog en barnekrop i besiddelse, en der kunne kravle, derefter gå, derefter løbe og som efterhånden kom til at se helt anderledes ud end før. Dit toårige selv ville finde det svært at genkende den babykrop, som du nu helt havde forladt."*

Ud fra dette konkluderer Dyer (og jeg refererer) at du selvfølgelig ikke er din krop, fordi den ændrer sig hele tiden. Han siger, at selvom han godt kan huske, hvordan hans 20-årige krop så ud, hvad den var i stand til osv., så er den krop, sådan som den engang var, helt holdt op med at eksistere. Den krop er en illusion, den er helt forsvundet fra denne fysiske verden, ligesom enhver anden krop, som vi har beboet i vores levetid. Og at det er helt klart, at du ikke er din krop. Når du virkelig tænker over dette, så giver det mening, ikke sandt? Vores konstante jeg er det eneste, der stadig eksisterer, i og med det ikke kan ophøre med at være til. Det kan kun vokse og udvikle sig.

Så vi reinkarnerer hele tiden igennem hvert eneste liv! Når du dertil føjer alt det, vi nu ved om cellefornyelse, og at alle vores celler udskiftes og der skabes nye hele tiden, til det punkt, at vi hvert år har et helt nyt sæt celler, hvordan kan det så overhovedet være muligt ikke at tro på reinkarnation?

Hvis dette ikke er nok til at overbevise dig, så tror jeg, at et kig på den store mængde forskning, der er begået omkring Nærdødsoplevelser og Ude-af-kroppen oplevelser, vil være nok til at overbevise dig. Hvis vi ikke i virkeligheden først og fremmest var ånd, hvordan kan nogen så dø, men samtidig se sig selv ovenfra liggende død dernede, og så komme tilbage og fortælle alle om, hvad der foregik? Der findes så mange cases, der har valideret de to ovennævnte fænomener, at det bliver meget vanskeligt at afskrive dem som illusioner eller drømme eller bare helt ude i skoven!

En af de mest overbevisende beretninger om en nærdødsoplevelse, som jeg har læst (og jeg har læst en masse) er "Proof of Heaven", af Dr Eben Alexander. Han er en verdenskendt autoritet på området for udvikling af avanceret neurokirurgisk teknologi til komplekse sygdomme i hjernen. Altså, hvis nogen kan argumentere for, om nærdødsoplevelsen er et produkt af en eller anden hjernefunktion eller funktionsfejl, er det dr. Alexander. Forud for sin egen nærdødsoplevelse troede han, at oplevelsen blot var en hjernebaseret illusion. Hans egen oplevelse kom til radikalt at ændre hans opfattelse. Hans nærdødsoplevelse i 2008 betød, at han herefter var totalt overbevist om, at hjernen ikke huser vores bevidsthed. Efter han var blevet rask, gennemlæste han omhyggeligt sine egne lægejournaler, og det stod ham klart, at han havde været hjernedød. Men han forklarer i sin bog, at han var helt i live. Han var mere levende og alt var mere virkeligt end noget andet, han nogensinde havde oplevet. Hans bog er værd at læse for at få hele historien, og han har siden skrevet to andre bøger.

Når du først begynder at dykke ned i den slags bøger, bliver argumentationen for reinkarnation for stærk til at blive ignoreret. Der er for meget logik i det. Alt for meget af det giver totalt mening. Else berører kort logikken for reinkarnation og igen, alt hvad hun skrev i ´Døden er en illusion´, giver bare mening for mig. Det gav for meget mening til, at man kan overse det. Det hjalp mig med at forklare alt det, jeg havde forsøgt at forstå i så mange år. Ja, tænkte jeg! Sådan er det!

Jeg håber, at når du selv tænker grundigt over dette, så går der også små lys op for dig. Karmisk gæld er selvfølgelig en stor del af hele processen, og vi har så meget at fortælle om dette aspekt, at det bliver nr. to bog i Nøddeskals serien.

Men for at betragte din egen igangværende reinkarnationsproces i dit nuværende liv, så find 3 billeder af dig selv - et, da du var baby, et, da du var teenager, og et af dig selv nu og sammenlign dem. Vær helt åben overfor virkeligheden af, hvad der er sket ... selvfølgelig vokser vi alle og udvikler og ændrer os, men vi stopper aldrig rigtig op for at tænke over det faktum, at den fysiske krop vi var ikke ´eksisterer´ længere. Vi er her nu i en anden krop end den, vi kom til verden i. Er det ikke fascinerende at tænke på?

Ang.: Reinkarnationens logik

Jeg mener at dette kapitel er dybt belysende for at hjælpe os med at forstå verdens såkaldte uretfærdigheder, både i dag og historisk. Det betyder ikke, at vi ikke behøver eller burde føle bekymring, medlidenhed eller forsøge at hjælpe dem, der lider. At gøre det viser vores medfølelse, og det vil altid være en god ting for vores sjæl at være medfølende. Men når man ser på uretfærdighed fra det større perspektiv af sjælens fremadskridende rejse, gennem utallige liv, hvor den skal lære medfølelse ved at lide, at den skal betale karmisk gæld tilbage i løbet af processen, at alle har lidt eller bliver nødt til at lide på et eller andet tidspunkt, så begynder det hele at virke meget mere fornuftigt, end det at tro, at vi lever bare én gang, og det er så det. Som Else har påpeget, hvor ville retfærdigheden, rimeligheden og meningen være i kun at leve et eneste liv?

Hvorfor skal den ene person fødes sund, smuk og velhavende, mens den anden skal fødes deform, grim og fattig? Det giver bare ingen mening overhovedet. Der må være en anden forklaring. Og jeg synes, at Martinus har præsenteret os for logikken til at forstå den guddommelige plan. Hvad siger din mavefornemmelse til dette her? Tænk over det og lad det cirkulere et stykke tid i dine tanker, hvis du stadig ikke er sikker. Dybt nede er der en del af dig, der kender sandheden om, hvem du egentlig er, men den har været begravet så længe, at det kan tage lidt tid inden denne sandhed kommer op til overfladen.

Ang.: Hvor kommer alle sjælene fra?

Jeg undrede mig også over dette aspekt og jeg undrede mig over, hvorfor befolkningen bliver ved med at vokse, nu hvor vi har fødselskontrol og det faktum, at kvinder får færre børn nu end nogensinde før. Svaret skyldes, ifølge en rapport fra Worldwatch Institute, to faktorer:

"Den tilsyneladende modsigelse mellem mindre familier end nogensinde før og et rekordstort antal fødsler er let at forklare. Antallet af kvinder i den fødedygtige alder vokser stadigt, og den forventede levetid globalt set fortsætter med at stige. Disse to tendenser forklarer, hvorfor befolkningen stadig vokser på trods af fald i familiens størrelse. Der var 1,7 mia. kvinder i alderen 15 til 49 i slutningen af 2007 sammenlignet med 856 mio. i 1970. Det gennemsnitlige menneske, der bliver født i dag, kan forvente at leve 67 år, et helt årti længere end den gennemsnitlige nyfødte kunne forvente i 1970. "

Så det besvarede mit spørgsmål. Men meget mere fascinerende for mig var ideen om, at der er sjæle på andre planeter, som (for at citere Else) 'Står i kø for at komme her!' Wow! Nu har jeg altid troet, at vi ikke kan være alene i universet ... når man tænker på hvor stor galaksen er, og planeterne og det kendte univers, for slet ikke at tale om den del af universet, vi endnu ikke kender på grund af vores begrænsede videnskabelige kapacitet til at udvide den viden, vi har, er det så ikke både arrogant og naivt af os at tro, at vi er de eneste mennesker, der lever i universet? Og dog er vores planet vidunderligt unik i hvad den kan tilbyde sjælen der søger at udvikle sig. Får det dig ikke til at sætte ekstra stor pris på denne sjældne planet, som vi bor på?

Det var også interessant for mig at læse, at jorden har plads til "mange flere mennesker end dem, der er her nu". Det fik mig til at studse, da jeg først hørte om det, fordi vi konstant bliver mindet om, hvordan verden er overbefolket, med global opvarmning og klimaforandringer, og al den snak om, at vores verden er i fare og på kanten af udslettelse. Men det er bare ikke sandt. Jorden vil ikke forgå, fordi der er meget større kræfter på spil, end vi overhovedet kan forestille os.

Her vil jeg lige skynde mig at sige, at det ikke betyder, at vi ikke bør respektere vores fantastiske planet. Absolut ikke. Vi bør alle gøre det, og Else og jeg gør så meget som muligt i vores daglige liv for at gøre hvad vi kan, hvilket vil sige genbruge hvad vi kan, ikke spilde mad, vand, ressourcer, respektere miljøet osv. Jeg mener at vi alle må gøre hvad vi kan for respektere jorden.

Men hvor skal alle disse nye sjæle passe ind? Det bringer os til at tale om vores husdyr, og jeg lover ikke at slå dig oveni hovedet nu med argumenter for vegetarisme og veganisme, men blot bede dig overveje følgende fakta, fordi de har stor indflydelse på planeten, miljøet, atmosfæren og på den tilgængelige plads på vores planet - og så kommer jeg ikke engang ind på de moralske konsekvenser!

Så ... her er et udklip fra en artikel udgivet i 2012 af www.smithsonian.com(link: https://www.smithsonianmag.com/travel/is-the-lifeestock-industry-destroying-the-planet-11308007/)

"Det globale omfang af husdyrproblemet er enormt. En 212-siders online-rapport udgivet af FN's føde- og landbrugsorganisation siger, at 26 procent af jordens overflade bliver brugt til græsning for husdyr. En tredjedel af jordens dyrkningsareal bliver brugt til dyrkning af dyrefoder. Halvfjerds procent af Brasiliens fældede landarealer bliver brugt som græsgange, og dyrkning af foderplanter optager det meste af resten. Og i Botswana bruger husdyrindustrien 23 procent af alt anvendt vand. Globalt set kan 18 procent af udledningen af drivhusgasser tilskrives husdyrindustrien - mere end den procent der tilskrives hele transportsektoren. Og i USA er husdyrproduktionen ansvarlig for 55 procent af al erosion, for 37 procent af alle anvendte pesticider og 50 procent af forbruget af antibiotika, mens dyrene selv direkte forbruger 95 procent af vores havreproduktion og 80 procent af vores majs, ifølge Sierra Club. "

Og i en artikel fra Our World in Data fra 2017 hedder det, at '... *verdens befolkning bruger ca. 50 procent af det samlede beboelsesareal til landbruget.*'
(Link: https://ourworldindata.org/agricultural-land-by-global-diets

Og et sidste stykke, jeg gerne vil dele, er dette:
"Ifølge beregninger fra FN's miljøprogram, kan de kalorier, der går tabt ved at fodre korn til dyr, i stedet for at bruge dem direkte som mad til mennesker, teoretisk fodre yderligere 3,5 milliarder mennesker.
(Link: https://www.globalagriculture.org/report-topics/meat-and-animal-feed.html)

Pointen med alt dette er at vise, at den største del af al beboelig jord bliver brugt til at fodre og huse husdyr, som derefter slagtes til mad. Og så vil jeg gerne lige komme tilbage til punktet om, at verden har plads til mange flere mennesker, hvis vi stoppede slagtning af dyr og i stedet begyndte at leve på en plantebaseret kost, så ville der helt sikkert være meget mere plads til at mange flere mennesker kunne bo og trives her! Og vi kunne (teoretisk) skaffe føde til en ekstra 3,5 milliarder mennesker! Det give noget at tænke over, gør det ikke?

Men som Else påpeger, så skifter flere og flere mennesker til en plantebaseret kost; Det langsomme, men definitive globale skift af vores tankemønster og bevidsthed er allerede begyndt.

4. Den åndelige verden

Hvor går ånden hen, når den forlader det fysiske legeme?

Vi har nu fastslået, at det er ´åndspakken´ med bevidsthed og jegfornemmelse, der overlever den fysiske krops død. Ånden er af elektrisk natur, og den leverer den energi, der betyder at den fysiske krop kan være i live og bevæge sine lemmer.

Nu siger vi, at ånden har forladt den fysiske krop, som følgelig er blevet et lig. Vi er meget nysgerrige efter at vide, hvad der sker med ånden. Hvor går den hen? Hvad har den gang i?

Alt er vibration

For at besvare dette spørgsmål må vi igen gentage, at ånden er et magnetfelt, og ligesom alle andre elektriske enheder har den en specifik bølgelængde, som den opererer på. Bølgelængden varierer fra et magnetfelt til det andet. Alt er vibration, og den specifikke bølgelængde af et hvilket som helst magnetfelt er defineret af en række faktorer. Bølgelængden af åndens magnetfelt er defineret af vibrationen i den type tanker, den specifikke person tænker. Hver tanke, vi tænker, har en specifik vibration og en hel masse tanker danner en specifik bølgelængde.

En bevidsthed med mange tanker af humanitær og kærlig art vil operere på en bølgelængde, der adskiller sig fra en bevidsthed, der rummer mange tanker om hævn og had. En hvilken som helst ånds bølgelængde er defineret af vibrationen og kvaliteten af den tankemateri, der er fremherskende i dens bevidsthed. Det er sådan, fordi tanker er elektriske strømme, og fordi indholdet af de forskellige tanker er forskelligt, så er deres vibration det også. Alt er vibration, og vibrationen definerer bølgelængden. Vibrationen af en kærlig tanke vil være forskellig fra vibrationen af en hadsk tanke. En hel masse hadefulde tanker, ja en hel bevidsthed fuld af dem, vil udgøre en specifik bølgelængde. En bevidsthed fuld af kærlige og humanitære tanker vil have en helt anden vibration, og dermed vil dens bølgelængde være forskellig fra den hadefulde bevidstheds.

Afhængig af dets bølgelængde vil åndspakken blive tiltrukket til et sted i den åndelige verden, der har en bølgelængde, der svarer til dets egen, fordi ens bølgelængder tiltrækker hinanden. Det sørger loven for tiltrækning for.

Den åndelige verden er en verden bestående af usynlig åndelig materie eller tankestof. Tankestoffet er energi. Som nævnt, kalder Martinus denne form for materie strålingsformet materie. Den åndelige verden er arrangeret efter bølgelængder. Det er en verden organiseret på en hierarkisk måde efter hvilken vibration de forskellige bølgelængder har. Den åndelige verden findes overalt i 'det tomme rum', men for os, der på vores nuværende stadium tilhører jorden, vil vores åndelige verden være i jordens aura. Ligesom alle andre levende væsener har jorden en aura, som rummer dens bevidsthed, ånd eller jeg, og vores destination i den åndelige verden vil være et 'sted' i jordens aura.

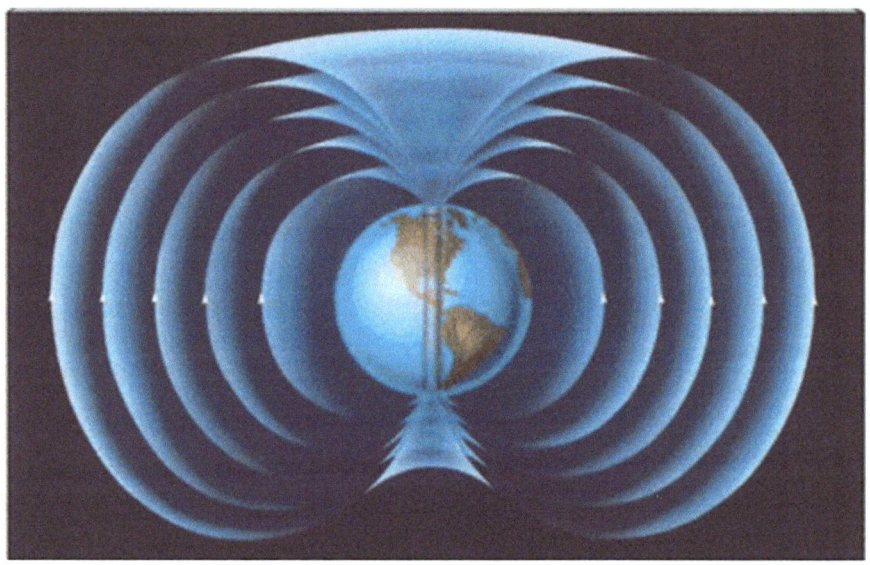

Jordens aura som den ville se ud, hvis den var symmetrisk (kilde ESA)

Loven for tiltrækning

Loven for tiltrækning dikterer, at ens bølgelængder tiltrækker hinanden, og at uens bølgelængder frastøder hinanden. Loven for tiltrækning er den vigtigste naturlov i universet, fordi den bestemmer hvordan al stråleformet materie opfører sig.

Det betyder, at bølgelængden af den specifikke ånd, der nu har forladt den fysiske krop, automatisk vil blive tiltrukket til en bølgelængde i den åndelige verden, som svarer til dens egen. Denne tiltrækning af ånden til en specifik bølgelængde vil blive følt af ånden som en meget hurtig bevægelse gennem rummet. Det er det, der føles af mange der har haft en nærdødsoplevelse, som en superhurtig passage gennem en tunnel eller et smalt rum. Vores plads i den åndelige verden bestemmes af loven for tiltrækning, og vi kan mærke hvordan vi bevæges derhen med lysets hastighed gennem et smalt rum. Vores destination er en bølgelængde, som svarer til vores egen.

Hvis du er en meget kærlig person, vil din ånd blive tiltrukket, via dens bølgelængde, til et sted i den åndelige verden, hvor kærlige tanker hersker. ´Lige børn leger bedst´ siger man, og det betyder, at en kærlig ånd vil blive tiltrukket til en bølgelængde, hvor der er andre kærlige ånder. Det betyder, at indholdet af din bevidsthed, hvilket vil sige den generelle kvalitet af din mentalitet eller tankesfære og den type tanker, der dominerer din tænkning, vil bestemme, hvor du ´lander´ i den åndelige verden. Det er i virkeligheden ret simpelt. Loven for tiltrækning vil trække dig derhen, hvor dine ligesindede ånder bor.

Hvis du er en kærlig person, der altid er klar med en hjælpende hånd, som tager hånd om andre, som ikke dræber, lemlæster og generer andre, vil du blive tiltrukket til en bølgelængde, hvor tanker af samme art som dem, der dominerer din bevidsthed, bor. Denne kærlige bølgelængde vil blive beboet af andre kærlige væsener, og det vil være et meget behageligt sted at være.

En person, der hele sit liv har hadet andre mennesker, der har været egoistisk, grisk, jaloux, misundelig, der har stjålet, myrdet eller været terrorist, vil også blive tiltrukket til en bølgelængde, der svarer til den type tænkning. Her vil personen / ånden møde andre med samme type tankegang, og det vil være et mindre behageligt sted at være.

Din mentale sfære, den type person du er, den slags tanker du fylder din bevidsthed med, definerer din bølgelængde. Og din bølgelængde definerer hvor du kommer hen, når du passerer over på den anden side. Dette sker helt automatisk på grund af loven for tiltrækning.

I den åndelige verden er der mange destinationer. Der er lige så mange destinationer, som der er typer af bevidsthed. Dette er faktisk hvad Jesus henviser til, når han siger: *"I min fars hus er der mange boliger"*.

Så når din ånd forlader din fysiske krop, kommer den ind i den åndelige verden på en bølgelængde, der svarer til din egen. Det er det korte svar.

I den sammenhæng kan det være godt at vide, at vi altid bliver placeret efter den bølgelængde, som den mest udviklede og kærlige del af vores psyke udsender. Vi har allesammen sider af vores psyke, der er ret veludviklede, og vi har også sider, der kan være mere primitive og ikke så "kønne". Det er de mest udviklede aspekter af vores psyke eller mentalitet, der bestemmer, hvor vi bliver placeret.

Aspekter af den åndelige verden

I den åndelige verden virker tingene anderledes end her på det fysiske plan. Den åndelige verden er en lys verden af tanker eller stråleformet materie, og den yder ingen modstand.

I den åndelige verden eksisterer du i din åndelige krop, i dit energifelt. Det er hvem du i virkeligheden er, så du føler dig helt den samme som da du stadig havde din fysiske krop. Du er simpelthen den samme person, kun lettere. Fordi den åndelige verden er en lys verden af energi, er der ingen grund til at træde på. Fraværet af en fast overflade at stå på er noget, vi skal vænne os til. Og dagen er ikke opdelt af måltider, fordi der ikke er behov for at spise. Der er heller ikke behov for at sove. I den åndelige verden er du konstant bevidst og klar til at udforske denne verden.

Når du passerer over eller ´dør´, vil du blive mødt af dine åndelige guider eller skytsengle, der er der for at hjælpe dig med at tilpasse dig til dette eksistensniveau. Hjælp er altid til rådighed. Skulle du føle dig fortabt, så skal du bare bede om hjælp, og så kommer den straks. Dine skytsengle vil komme farende for at hjælpe dig.

Du vil helt sikkert blive mødt af familiemedlemmer, der er passeret over før dig, og de er ivrige efter at byde dig velkommen tilbage til den åndelige verden og de vil gerne tilbringe tid med dig igen. Det vil være en tid fyldt med glade genforeninger.

Men der er mange andre aspekter. I den fysiske verden er det svært at lave ting. Først har vi en idé (en konstruktion i tanke- eller stråleformet materie) og så laver vi måske en tegning baseret på ideen om det, vi vil skabe. Så skal vi ud og samle materialer til vores skabelse, og så skal vi bruge en masse tid på at lave den. Det kræver evner og talenter, så det er ikke så nemt. For at blive god til at skabe ting, skal vi øve os meget, men på den måde kan vi forbedre vores færdigheder. Efter en masse øvelse kan vi ende med at være ganske gode til at producere en specifik skabelse.

I den åndelige verden er tingene meget lettere på grund af den manglende modstand i denne verden. Det er en let verden af tanker, og det betyder, at når du tænker på noget, vil tingen materialisere sig med det samme lige for øjnene af dig. Hvis du tænker på en bil, så står den foran dig i al sin glans i samme øjeblik. Når du tænker på en person, som du har kendt, og som er i den åndelige verden, står denne person foran dig i samme sekund. I kan så have en behagelig samtale via telepati, da der ikke er behov for ord i den åndelige verden.

I den åndelige verden kan du leve dit drømmeliv. Hvis du i dit fysiske liv var meget interesseret i lærdom og visdom, vil du komme til at leve i en lærd og intellektuel verden. Du kan endda få adgang til det store åndelige bibliotek, undertiden omtalt som Akachi-optegnelserne, hvor al visdom bevares. Hvis du var kunstner, vil du leve i en kunstverden med smukke kreationer, og hvis du var kok, vil du være i stand til at skabe vidunderlige retter ved blot at tænke på dem. Det er i sandhed en paradisisk verden.

Sådan forbedrer du din destination i den åndelige verden

Det er nyttigt at vide, at din destination i den åndelige verden er defineret af dine interesser og tanker på det fysiske plan. Det er nyttigt, for så kan du forberede dig på, hvor du kommer hen efter døden, mens du stadig er i en fysisk krop. Det kan du gøre ved at arbejde på at forbedre din tankegang. Hvis du har tendens til at være fordømmende overfor andre mennesker, så kan du øve dig i at være mindre fordømmende. Du kan øve dig i at tilgive andre og sende kærlighed til dem. Du kan øve dig i ikke at være irriteret og bekymret, du kan øve dig i at være venlig og kærlig. Jo mere du fokuserer på positive aspekter af livet, desto mere hjælper du andre, og jo mere du afholder dig fra at skade og dræbe (også dyr), desto bedre vil din plads blive i livet efter døden. Det 'betaler sig' at være positiv, god, ærlig og kærlig. Hvis du ikke ved det allerede, så vil du vide det ovre på den anden side. Den gode nyhed er, at du kan begynde at praktisere med det samme og dermed forberede en bedre plads for dig selv på den anden side.

Tiden og evigheden

Et andet aspekt af den åndelige verden er, at der ikke eksisterer nogen tid. Alt finder sted i et evig nu. Der er ingen ´i morgen´ og ingen ´i går´, og begrebet tid har ingen mening overhovedet. Tusinde år er som et sekund og et sekund er som tusind år.

Dette aspekt er blevet bekræftet af flere af dem, der har haft en nærdødsoplevelse.

"Min følelse af tid var helt væk. Tiden betød ikke noget. Det syntes at tiden ikke havde nogen mening ". Kenneth Ring: "Life at Death", side 97.

"(Hvad var din følelse af tid da du var i denne tilstand?) Meget dårlig. Jeg har virkelig ingen anelse om, hvor lang tid der gik. Nogle gange, når jeg tænker på det, synes det, som om det var for evigt .... "Kenneth Ring: "Life at Death", side 97.

Aspektet med at befinde sig uden for al tid omtales også af Jesus: "Men ignorér ikke denne ene kendsgerning, elskede venner, at for Gud er én dag som 1000 år, og 1000 år som én dag." (2 Peter 3, 8).

Der er mange andre interessante aspekter af det åndelige plan, og vi skal se på dem i det sidste kapitel i denne bog.

Hvor længe er vi diskarnerede?

Vi har nu vores ånd / bevidsthed / jeg placeret i den åndelige verden på en bølgelængde, som svarer til den bølgelængde, som vores egen psyke eller mentalitet opererer på. Hvor længe bliver vi så der?

Længden af vores ophold i den åndelige verden afhænger meget af det liv, vi levede, før vi døde. Hvis vi levede et langt liv og døde af alderdom, så vil vores ophold være omtrent det samme som den tid, vi levede på Jorden. Hvis vi levede til vi blev 100, vil vi blive på det åndelige plan i omkring 100 år. Da der ikke er nogen fornemmelse af tid på det åndelige plan, vil vi ikke mærke årene. Vi vil føle vores ophold som en vidunderlig lang ferie helt efter vores eget ønske. Vi vil også besøge nogle af de mange forskellige åndelige riger, så det vil være et behageligt og interessant ophold. Vi skal se på nogle af de andre riger i sidste kapitel.

Hvis vi døde unge, for eksempel i en ulykke, så bliver vores ophold på det åndelige plan meget kortere. Så vil vi måske være ivrige efter at vende tilbage til det fysiske plan, fordi vores liv der var kort, og så kan vi vende tilbage efter nogle få år. Det afhænger af vores egne ønsker og af vores åndelige guider.

Soldater, der dør i krig, vil typisk reinkarnere efter ca. 7 år. De fleste soldater dør også unge, så deres fysiske liv var kort, og de vil gerne hurtigt tilbage til jorden for at komme videre med deres udvikling.

Men når det åndelige plan nu er så godt et sted at være, hvorfor vil nogen overhovedet gerne tilbage til jordplanet? Det fysiske plan er fuld af modstand og modgang, der er meget lidelse der, så hvorfor tage tilbage? Hvorfor ikke blive i paradis?

Vores evolutionære rejse

Faktisk, så eksisterer den mulighed slet ikke. Det er ikke muligt at blive hængende i evigheder på det åndelige plan, fordi vi alle er på en rejse. En meget lang rejse. Denne rejse startede i mineralriget og via plante- og dyreriget er vi nu nået frem til menneskeriget. Hver enkelt af os har gennemlevet evolutionen af livet på Jorden.

Menneskehedens evolution er en rejse, som hver eneste af os personligt har gennemlevet

Vi var den plante, der voksede i junglen, vi var antilopen, der løb rundt på græsstepperne, vi var soldaten i den romerske hær, vi deltog i den franske revolution og vi var ofre for bombningerne i 2. verdenskrig. Hele evolutionen af livet på jorden er blevet levet igennem af hver enkelt af os personligt. Det er vores ånd eller jeg, der har reinkarneret i alle de enkelte planter, dyr og mennesker, der har beboet jorden. I takt med de fremskridt, vi har gjort i hvert liv, udviklede vores bevidsthed sig, og vores organismer måtte følge med. Den primitive mentalitet gav anledning til et primitivt menneske og en mere avanceret mentalitet gav anledning til et mere avanceret menneske. Det er altid ånden der råder over materien eller mentaliteten, der bestemmer den fysiske manifestation. Vores fysiske legemer vil altid være en manifestation i fysisk materie afspejlende vores mentale udviklingsniveau.

Så, når vi taler om vores forfædre, så var vi dem. Det var ikke nogen andre, der levede før os. Det var os. Gennem reinkarnation har vi alle levet gennem hele den menneskelige udvikling. Og vi er ikke nået i mål endnu. Vi har stadig et vist stykke vej at gå, inden vi når vores endelige destination. Og hvad er vores endelige destination? Vores endelige destination er at blive til 'Mennesket i Guds billede efter hans lignelse'.

Mennesket i Guds billede efter hans lignelse

Hvad vil det sige? Hvad er 'mennesket i Guds billede efter hans lignelse? En mand eller kvinde i Guds billede efter hans lignelse er en person, der elsker alle andre væsener og lever for at tjene andre. Det er en person, som ikke længere kan rumme egoisme, jalousi eller misundelse, som ikke kan hade, hovere, dræbe eller søge hævn. Det er en person, der ikke længere kan æde kød fra andre levende væsener, og det er en person, der udstråler fred, venskab og kærlighed til alle. En sådan person kan ikke længere blive irriteret eller vred, kan ikke udtrykke intolerance eller foragt over for andre. En sådan person vil hellere give end tage, er absolut ikke grisk og vil ikke have magt. Han/hun tilgiver alle, der har forurettet ham, fordi han ved, at de ikke vidste, hvad de gjorde. De vidste ikke, hvad de gjorde, fordi de endnu ikke havde samlet tilstrækkelig visdom i deres skæbneelement for at være kloge nok til at vide, hvad de gjorde. Han/hun lever i taknemmelighed for alle aspekter ved livet og ved, at kun ydmyghed vil åbne porten til visdom. Jesus var et eksempel på en mand i Guds billede efter hans lignelse.

I den forbindelse er det vigtigt at forstå, at ikke alle står på samme udviklingsniveau. Nogle er begyndt deres evolutionsrejse tidligere end andre, så de har udviklet sig længere end andre. Det er let at se, når vi ser på befolkningen på planeten i dag. Nogle er meget aggressive og krigslystne. De finder det helt OK at gå ud og dræbe andre og vil endda dræbe sig selv i terrorangreb, hvis de er hadefulde nok. De tager ikke hensyn til andres velbefindende, og de handler kun for at gøre sig selv mere magtfulde og rige. Penge og magt er deres mantra, og de vil hensynsløst fjerne enhver, der står dem i vejen.

I den anden ende af skalaen har vi den meget medfølende og alkærlige person. Han/hun arbejder kun for at tjene andre og ønsker at hjælpe, hvor det er muligt. En sådan person bekymrer sig om andres velbefindende og vil arbejde utrætteligt på at skabe fred og harmoni på planeten. De vil hellere give end tage, de kan ikke såre, skade eller dræbe og lever kun på en plantebaseret kost.

Imellem disse to yderpunkter finder vi befolkningen på planeten med en bred vifte af egenskaber. Nogle er allerede blevet meget gode mennesker, nogle er stadig virkelig slemme og egoistiske, nogle er halvgode, nogle er halvdårlige og så videre. Vi står alle på forskellige udviklingsniveauer med vores gode og dårlige sider, men vi bevæger os alle i retning af at blive ''mennesket i Guds billede efter hans lignelse'. 'Mennesket i Guds billede efter hans lignelse´ er et perfekt menneske. Det betyder, at vi alle er på vej mod perfektion. En dag vil hver eneste af os blive et perfekt menneske, der kun kan udstråle kærlighed, forståelse, tolerance og fred. Vi er dog ikke nået frem til målet endnu, men det perfekte stadium for alle mennesker er ved at blive skabt. Nogle er kommet langt i retning af perfektion, nogle er ikke kommet så langt, og nogle har stadig en lang vej at gå. Men vi er alle uden undtagelse på vej, og alle vil nå målet før eller senere.

Det er kun på det fysiske plan, at vi kan arbejde os fremad mod perfektion. Hvorfor er det sådan? Det er sådan, fordi der ikke findes modstand på det åndelige plan, så det er ikke et sted, hvor vi kan lære af vores fejl. Det åndelige plan er et sted hvor vi hviler, ikke et sted hvor vi arbejder. Vi kan ikke komme videre i vores udvikling på det åndelige plan, dér kan vi kun slappe af og nyde livet. Og mens vi er der og oplever et femstjernet ophold, ved vi, at vi før eller senere bliver nødt til at tage tilbage til det fysiske plan for at komme videre med vores udvikling. Vi kan kun udvikle os og tilføje erfaring, viden, visdom, talenter og medfølelse til vores skæbneelement gennem liv i fysisk materie. Det fysiske plan giver tilstrækkelig modstand til at vi kan lære af vores fejl. Da al vores viden, der er høstet i løbet af et liv, bliver lagret i vores skæbneelement, er det klart, at vi udvikler os for hvert liv, vi lever, og på den måde er det også klart, at vi alle bevæger os hen imod det perfekte stadium eller bliver "mennesket i Guds billede efter hans lignelse'.

Så efter nogen tid på det åndelige plan, hvor vi har nydt at slappe af, ved vi, at det er på tide at komme tilbage til det fysiske plan og fortsætte vores udvikling. Der er ikke noget andet at foretage sig, vi skal tilbage. Hvis vi ikke gør det, vil vores udvikling gå i stå, og det er ikke i vores egen interesse.

Men hvordan kommer vi tilbage til det fysiske plan? Hvordan får vi vores ånd tilbage i en ny fysisk krop? Det gør vi under reinkarnationsprocessen.

Ting at tænke over fra Maria:

Ang.: Den åndelige verden

Jeg synes, at dette afsnit igen slår fast med syvtommersøm, at vores tanker er vigtige. Tanker er, som Else siger, små elektriske strømme, der tiltrækker lignende strømme tilbage til sig, så her på jorden er det afgørende for dit helbred og velvære, at du fylder dit sind med kærlige, livsbekræftende tanker. Men selvfølgelig ender det ikke med dette liv, hvilket vi håber, at denne bog gør meget klart. Dine tanker, din vibration, bestemmer hvad der sker med dig, når du passerer over. Jeg fandt det også fascinerende, at den åndelige verden er overalt i 'det tomme rum' ... at den simpelt hen findes i jordens aura. Kunne det faktisk være det, vi tænker på som 'himlen'? Sikke en interessant tanke!

Tænk igen på loven for tiltrækning, selv om vi har nævnt den mange gange før. Du vil altid tiltrække det, som du fokuserer på og giver din tankeenergi til. Sørg hele tiden for, at dine tanker er de bedste, og de mest kærlige, som du kan præstere.

Else påpeger også, at en person, der er fyldt med had, tiltrækkes til en bølgelængde, som svarer til den slags tænkning. Jeg mener, at dette er det virkelige helvede, som folk frygter. Helvede er faktisk noget, du selv skaber. Du må aldrig ønske at nogen kommer i helvede, for det er en negativ vibration for dig selv at bære. Når du virkeligt forstår loven for tiltrækning, så vil du vide, at de, der begår onde handlinger, allerede har sikret sig en plads i "helvede". På samme måde vil du, ved denne dybe forståelse, også komme til at vide, at hvis du selv har lidt meget ondt, så er det din karmiske tilbagebetaling for noget, du selv har gjort mod en anden i et tidligere liv.

Dette kan virke som en hård pille at sluge, men hvis du virkelig tænker over det og tænker tilbage på logikken i din sjæls evolutionære rejse, giver det så ikke bare mening? Da jeg virkeligt kom til at forstå dette koncept, havde det en dybtgående indflydelse på min tænkning. Selvom jeg kan og selvfølgelig har sympati for alle, der lider, tænker jeg altid, at der er nogle karmiske grunde til, at det er sket for ham eller hende eller for mig selv for at hjælpe os, så vores medfølelse og medlidenhedsevne kan vokse. Martinus lærer os, at vi ikke kan lære medfølelse uden selv at lide, og når man virkelig tænker over det, giver det igen perfekt mening. Hver eneste af os har gennemlevet forfærdelige skæbner og vi har gjort frygtelige ting imod andre mennesker og dyr på vores rejse for derefter at lære medfølelse via vores egen lidelse og dermed selv blive mere udviklede mennesker.

Ang.: Aspekter af den åndelige verden

Har du nogensinde spekuleret på, hvor anderledes livet kan være i den åndelige verden? Jeg ved, at jeg ofte har tænkt over det. Ville vi have brug for søvn? Ville vi have brug for mad? Men selvfølgelig giver det mening, at hvis vi er rent åndelige væsener, så ville vi ikke have brug for nogen af delene. Vi er lysenergi, og al smerte vil være ophørt, også selvom vi har lidt under en forfærdelig sygdom og "døde" på grund af den. Og det giver perfekt mening, at vi ikke behøver mad, hvis vi ikke har en fysisk krop. Mad er kun nødvendig for at opretholde livet på det fysiske plan. Og er det ikke en dejlig tanke, at du kan deltage i de aktiviteter, der bragte dig mest glæde på jorden? Hvorfor ville alt det pludselig stoppe? Alt ville være lettere. Er det ikke, hvad himlen virkelig er? Hvad vi finder i den åndelige verden, er det, vi har fundet glæde ved hernede, eller det, vi ønskede at opnå. Hvordan ville din himmel se ud?

Ang.: Tid og evighed

Efter at have læst en masse bøger om ude-af-kroppen oplevelser og nærdødsoplevelser og i mange år været hypnoterapeut, er jeg godt klar over, at konceptet tid kan udvides. Det er meget nemt at foreslå en klient under hypnose at 4 minutter virker som 15. Jeg har gjort det mange gange. Tid, som vi kender den, er kun anvendelig på det fysiske plan. Vi har dag og nat over et tidsrum på 24 timer, eftersom jorden drejer rundt om sig selv, og tiden hjælper os med at organisere vores liv. Men i den åndelige verden er der ikke behov for en sådan organisering. Tiden er uendelig. Vi kan aldrig løbe tør for tid! Hvis du kan strække din fantasi til at tro på, at der findes en verden, hvor tiden, som vi forstår den, simpelthen ikke eksisterer, så kan du måske forstå bare en lille brøkdel af, hvordan det ville være. Der gik lang tid, inden jeg kunne fatte det, men ved konstant at læse og udforske konceptet, fik jeg det til sidst.

Jeg havde engang en diskussion med en fyr, der forsøgte at sælge mig en begravelsesplan. Vi begyndte at tale om galaksen. Han var ateist, og han nævnte hvor stor den kendte galakse er. Han hånede ideen om, at Gud kunne skabe alt dette på 7 dage. Jeg påpegede, at han selvfølgelig ikke kunne skabe den i vores opfattelse af 7 dage, men i den verden udenfor tiden, hvor Gud er, kan 7 dage udvides eller komprimeres, og han kunne have skabt verden på et øjeblik! Vi mennesker skal altid have ting forklaret på en måde, der giver mening for os!

Ang.: Hvor længe er vi diskarnerede?

Dette er meget interessant, og jeg havde et spørgsmål til Else, da jeg læste, at vi ville være diskarnerede stort set ligeså længe, som vi havde været på det fysiske plan. Hvad så med det unge barn, der dør og efterlader sorgramte forældre - er det muligt, at barnet kan reinkarnere hos de samme forældre? Else sagde, at det er muligt, og at der findes kendte tilfælde. Hun fortalte mig en historie om et par, der havde mistet en 4-årig søn. Forældrene var naturligvis meget knuste, men efter et par år fik de en ny søn. Da han var gammel nok til at tale, afslørede han viden, som han ikke kunne have opnået i sine 3 år i familien. Han pegede på et højt skab og sagde til sine forældre: Giv mig det gule legetøj, som jeg havde sidste gang, jeg var her hos jer, det er i det skab deroppe, kan I ikke huske det? Udsagn som dette og mange andre lignende tilfælde overbeviste forældrene om, at den samme søn var vendt tilbage til dem. Det er overflødigt at sige, hvor glade de var, men de var også meget fulde af undren, for på det tidspunkt kunne ingen forklare, hvordan det kunne gå til.

Ang.: Mennesket i Guds billede efter hans lignelse

Else påpeger, at en sådan person tilgiver alle, der har forurettet ham, fordi han eller hun (lovovertræderen) ikke vidste, hvad de gjorde, fordi de endnu ikke havde akkumuleret nok visdom i deres skæbneelement til at være kloge nok til at vide, hvad de gjorde. Jeg synes det er vigtigt at påpege her, at det ikke betyder, at vi må acceptere sådanne forseelser eller retfærdiggøre onde handlinger. Vi må altid stræbe efter at gøre, hvad vi kan for at forhindre skade og lidelse - ved at være bedre mennesker selv og ved at hjælpe andre, der er mindre heldige, eller som lever under omstændigheder, hvor de har brug for hjælp til at blive befriet fra enhver form for misbrug.

5. Reincarnationsprocessen

Så hvordan får vi vores åndspakke tilbage i en fysisk krop? Denne proces er blevet forklaret omhyggeligt af Martinus.

Igen, som i tilfældet med hvordan vi placeres i de åndelige riger, når vi ´dør´, bestemmes processen for reinkarnation i en ny fysisk krop af loven for tiltrækning. Det er vores ånds bølgelængde, der bestemmer, hvor vi kommer hen, fordi identiske bølgelængder tiltrækker hinanden.

Det sker sådan: I den åndelige verden er der forskellige riger, og vi skal se på dem senere, men her kan vi konstatere, at al reinkarnation finder sted fra salighedsriget, som Martinus kalder det.

Når vores ånd når frem til salighedsriget, har væsenet tilbragt en betydelig tid på det åndelige plan, og det er mentalt klar til at tage tilbage til det fysiske plan for at komme videre med sin udvikling. Det nærer et stærkt ønske om at reinkarnere. Det er ivrig efter at komme tilbage i en fysisk krop og genoptage et liv i fysisk materie.

I sin åndelige krop udstråler vores jeg/bevidsthed en bestemt bølgelængde. Denne bølgelængde er defineret af de karakteristika jeget har erhvervet gennem sin rejse, af den type tanker, det tænker, og hvor langt det har udviklet sig i retning af at blive et alkærligt væsen.

Samlejet eller den seksuelle akt

Vi ved alle, at den handling, der producerer en baby, er samleje. Vi ved, at det er en meget attrået aktivitet og en, som mange af os er ivrige efter at deltage i. Men ved vi også, hvorfor handlingen kan være så utroligt tilfredsstillende, uden tvivl den mest eftertragtede aktivitet, vi kan foretage her på det fysiske plan? Ikke alle ved, at der omkring samlejet er et betydeligt åndeligt område eller aura. Når to mennesker er tiltrukket af hinanden og bliver forelsket, kommer de i kontakt med Guds ånd, som Martinus kalder ´den højeste ild´. Når vi er forelskede, strømmer den højeste ild gennem hele vores væsen, og vi føler os elektrificerede og opstemte. At være forelsket er bedre end noget andet. Og det er bedre end noget andet, for i denne fase er vi i kontakt med den højeste ild eller Guds ånd. Det er så tæt på det guddommelige niveau, som vi kan komme her på dette evolutionstrin. Ikke så underligt, vi alle er ret interesserede i at have sex.

Seksualitet udgør kernen i det guddommelige skabelsesprincip og derfor virker det så stærkt på os. Når vi er under dets indflydelse, er vi ivrige efter at mærke den utrolige magi, der ligger i at blive løftet op over det trivielle jordiske plan og op til et sted, hvor vi kan føle os nærmere det guddommelige niveau. Samlejet er blevet prydet med denne guddommelige aura, for at få os til gladeligt at indlade os på sex. Dette sker af forskellige grunde, men den primære er, at der er mange åndelige væsner på det åndelige plan, der er ivrige efter at reinkarnere, og de kan kun gøre det i samarbejde med det seksuelle princips altgennemtrængende kraft. Og nej, det er ikke en synd at have sex. Den, der fik den idé, er helt uvidende om denne sublime akts inderste væsen.

På grund af det seksuelle princips store magt og kraft har vi et stort antal par, der er involveret i at have sex på det fysiske plan. Under handlingen udsender hvert af disse par en specifik fælles bølgelængde. På grund af deres kærlighedsakt er en aura af guddommelig tilstedeværelse blevet føjet til deres normale bølgelængde grundet kraften i den højeste ild.

Orgasmens betydning
Under normale forhold kan fysiske væseners vibration ikke nå en bølgelængde, der er høj og fin nok til at nå op til et åndeligt væsen, der søger reinkarnation fra det åndelige plan. Men under samlejet og især under orgasmen når de fysiske væsener op på en meget fin og høj vibration. Denne høje og fine vibration opbygges gradvist under samlejet og kulminerer i orgasmen. Under orgasmen udsender væsenerne en vibration så høj, at den er stærk nok til at nå frem til et diskarneret væsen på det åndelige plan. Dette åndelige væsen vil så tiltrækkes til et specifikt elskende par, som så vil blive dets nye forældre. Bølgelængderne hos det åndelige væsen, der søger reinkarnation og parret, der dyrker sex, skal have nok ligheder for at

kunne tiltrække hinanden. Af den grund vil åndsvæsnet blive tiltrukket til forældre der tilhører hans egen art, og som i høj grad matcher hans eller hendes eget mentale og evolutionære niveau. Loven for tiltrækning sørger for, at ånden og forældrene passer sammen på en lang række punkter og det er orgasmens opgave at bringe det fysiske pars vibration op til et højt nok vibrationsniveau til at det kan nå et diskarneret væsen, der søger reinkarnation på det åndelige plan.

Dette er det ideelle scenario. Men det er velkendt, at befrugtning også kan finde sted i tilfælde af voldtægt eller kunstig insemination. Lad os bare kort se på disse to aspekter.

Martinus siger, at det vigtigste kriterium for at befrugtning kan finde sted er, at ægget og sædcellen forenes. I sædcellen er der en stor mængde åndelig energi, der i visse tilfælde kan være tilstrækkelig til at tiltrække et åndeligt væsen alene.

I tilfælde af voldtægt er det heldigvis sådan, at sandsynligheden for befrugtning er mindre end under sex mellem villige partnere, da kvinden jo er under tvang og derfor gør hvad hun kan for at dissociere sig fra akten. Desværre kan befrugtning alligevel finde sted ved voldtægt, fordi det primære kriterium bliver opfyldt.

Befrugtning kan endda finde sted gennem kunstig insemination, hvor der ikke er nogen sexualhandling overhovedet. Igen er det muligt, fordi hovedkriteriet for at de to celler bliver forenet, bliver opfyldt. Og selv efter nedfrysning vil sædcellen rumme nok åndelig tiltrækningskraft til at tiltrække et diskarneret væsen.

Martinus påpeger dog, at et barn der er undfanget gennem kunstig befrugtning, vil blive født med et underskud: han eller hun vil have vanskeligheder ved selv at undfange børn og vil have begrænset evne til at producere afkom. Dette skyldes, at et vigtigt åndeligt element mangler i processen: den højeste ild. Den højeste ild er befordrende for at befrugtning foregår optimalt.

Interessant nok er dette aspekt blevet bekræftet af en undersøgelse foretaget af et forskerhold fra Rigshospitalets afdeling for vækst og reproduktion og Syddansk Universitet. Forskerholdet undersøgte sædkvaliteten i en gruppe bestående af 1925 værnepligtige, hvoraf 47 var blev undfanget med en eller anden form for medicinsk hjælp. Hos disse 47 unge mænd var sædkvaliteten signifikant lavere end hos resten. I gennemsnit havde de en sædkoncentration (antal sædceller pr. milliliter sæd), som var 46% lavere end resten af gruppen, og deres sædtal (mængden af sæd i en enkeltdosis sæd) var 45% lavere. Deres testikler var også lidt mindre end de øvrige værnepligtiges. De unge mænd, der var blevet kunstigt undfanget, var simpelthen ikke lige så frugtbare som dem, der var blevet undfanget på den normale måde.

Vælger vi vores forældre?

Vælger vi så vores nye forældre? Ja og nej. Det er ikke som om vi får et katalog over potentielle forældre stukket i hånden og kan vælge imellem dem. Men vi vælger vores forældre på grundlag af den person, vi har udviklet os til at være, fordi identiske bølgelængder tiltrækker hinanden. Vores vibration og bølgelængde definerer, hvem der bliver vores næste forældre, simpelt hen fordi vi vil blive tiltrukket til et elskende par hvis samlede bølgelængde har et vist match med vores egen. Det betyder, at vi vil blive født hos forældre, der ´ligner´ os i visse henseender, såsom moral, tendenser, intelligens, interesser, talenter osv. Det er som sagt loven for tiltrækning, der opererer her, så tiltrækning til de ´rette´ forældre sker helt automatisk pga. den tiltrækning identiske bølgelængder har på hinanden.

Symbol nr. 34

Vi skal se på et af Martinus 'symboler, nr. 34, der illustrerer hvad der sker under undfangelsen. De tre runde figurer med trekanterne i midten symboliserer levende væsener, i dette tilfælde en mand, en kvinde og et diskarneret væsen, der er klar til reinkarnation. Den orange cirkel i nederste, venstre hjørne symboliserer manden i den seksuelle handling, den orange cirkel til højre symboliserer kvinden og den indigo-farvede cirkel øverst symboliserer det diskarnerede væsen, der søger reinkarnation. Det store gule felt, der går ud fra hver af sexpartnere, symboliserer deres vibrationer under samlejet. Det grågule område symboliserer, at kontakt har fundet sted mellem et diskarneret væsen og de to fysiske væsener på grund af deres lighed i vibrationer. Under kulminationen af samlejet, der symboliseres af flammerne mellem de to partnere, går nogle trådlignende figurer ud fra de elskende og når op til det diskarnerede væsen, hvor de omslutter dette åndelige væsen og trækker det ind imod det befrugtede æg i livmoderen. Dette kan ses på symbolet via de tråde, der omgiver kvinden på højre side af symbolet.

Når det diskarnerede væsen har "sluttet sig til festen" eller er blevet trukket ind til det befrugtede æg, begynder skabelsen af et nyt fysisk væsen.

Her kommer symbolet sammen med den obligatoriske symbolforklaring fra Martinus Institut.

Reg. 34

Resume af forklaring til symbol 34 – Parringsakten eller Guds ånd i mørket

Symbolet viser de samarbejdende store principper i parringsakten. Martinus beskriver, hvordan det er livsoplevelsens allerhøjeste princip, at Guds ånd direkte gennemstrømmer alle levende væsener. Væsenerne må gennemgå mørket for derved at få evne til selvoplevelse af kundskab, skønhed, kærlighed og salighed. Men intet væsen er under mørkeoplevelsen overladt alene til sig selv. Via indbyggede særlige organer i organismen har det, midt i mørket, mulighed for, rent håndgribeligt, at opleve en lysstråle fra Guds evige lysocean eller kærlighedsvæld. Det er denne guddommelige stråle fra Guds evige lysocean, som er væsenernes højeste ledende og styrende kraft i deres primitive tilstand og oplevelse af mørket. Her oplever de glimtvis livets allerhøjeste behags- eller vellystfornemmelse i form af "den højeste ild" i parringsakten. Parringsakten bliver en livslystbefordrende stimulans, samtidig med at den giver en organisk adgang til, at væsenerne kan fødes på ny i fysisk materie.

Centrale detaljer i symbolet:

- Den runde figur nederst til venstre symboliserer hankønsvæsenet og figuren til højre hunkønsvæsenet.
- De store gule stråler, som udgår fra disse væsener, symboliserer, at de befinder sig i en parringsakt.
- Den runde figur foroven symboliserer et diskarneret væsen, som lever i salighedsriget.
  Det gulgrå felt omkring salighedsvæsenet symboliserer en atmosfære, som er blandet af salighedsvæsenets aura og de fysiske væseners parringsaura. Denne atmosfære bevirker salighedsvæsenets forbindelse eller kontakt med fosterskabelsen i moderlivet.
- Den halvvejs stråleformede korsfigur mellem de to parringsvæsener symboliserer parringsaktens kulmination.
- Ud fra denne figurs udstråling udgår en indigofarvet trådlignende figur, der går op om salighedsvæsenet foroven. Den forbinder dette væsen med hunkønsvæsenet og besjæler fostermaterialet i moderlivet. Og hermed begynder skabelsen af en ny fysisk organisme.

Befrugtning

Når ægget er befrugtet med sædcellen fra manden, begynder fosterdannelsesprocessen (embryogenese). Men den begynder først, når et diskarneret væsen har ladet sin åndspakke indgå i processen. Uden denne tilsætning, sker der ingen embryogenese. Et diskarneret væsens ånd skal slutte sig til det befrugtede æg i livmoderen, men for at ånden skal "lande" hos de rigtige forældre, skal der være en betydelig overensstemmelse i bølgelængde. Det er absolut ikke tilfældigt, hvem vi bliver født hos. Bølgelængderne skal matche. Det betyder, at forældrene og det diskarnerede væsen skal tilhøre samme art (katte bliver født hos katte, hunde hos hunde, mennesker hos mennesker osv.), men der skal også være en betydelig overensstemmelse mellem talenter, evner, karaktertræk, tilbøjeligheder, moral, udviklingsniveau og intelligens mv. Ens bølgelængder tiltrækker hinanden, og dette gælder også under befrugtningen.

Talentmassen

Der skal være en vis fællesmængde af talentmasse for at et diskarneret væsen og de fysiske forældre kan blive tiltrukket til hinanden. Af den grund vil meget krigsglade åndelige væsner reinkarnere hos krigsglade forældre, og fredelige åndelige væsner vil reinkarnere hos fredelige forældre. Der skal være en vis fælles talentmasse for at tiltrækning kan finde sted. Der vil dog aldrig være et 100% match. Der vil altid være karaktertræk og talenter hos et barn, som ingen af forældrene har. Dette skyldes hovedsagelig, at hver enkelt person har så mange talenter, at et totalt match er umulig.

Der vil være talenter hos et barn, som ingen af forældrene har, fordi vi ikke, sådan som den traditionelle opfattelse fortæller, arver vores talenter fra vores forældre. Vi kan ikke gennem arv modtage talenter, som vi selv ikke har udviklet eller faktisk har arbejdet hårdt for at få. Når vi har et talent, er det fordi vi har praktiseret og arbejdet hårdt for at få det talent i løbet af vores tidligere liv på jorden. Vi får ikke noget gratis via vores forældres gener.

Når vi 'lander' hos et bestemt forældrepar, er det fordi der er et vist match mellem vores bølgelængde og deres bølgelængde. På denne måde kan vi sige, at vi 'vælger' vores forældre gennem den person, vi er udviklet os frem til at blive. Det er de fælles egenskaber ved vores jeg eller bevidsthed, sammen med den akkumulerede erfaringsbank, der er nedlagt i vores skæbneelement, der bestemmer hvem vi fødes hos. Denne proces foregår automatisk på grund af loven for tiltrækning. Vi bliver ganske enkelt tiltrukket til det forældrepar, der har det største match med vores egen bølgelængde.

Befrugtningens tredje part

For at et diskarneret væsen kan inkarnere i en ny fysisk krop, har den brug for en lille smule fysisk materie for at få processen sat i gang. Denne lille mængde fysisk materie findes i sædcellen og ægcellen. Så snart sædcellen kommer ind i ægget, slutter det diskarnerede væsen sig til ´festen´ og overtager hele processen med embryogenese. De to fysiske celler kan ikke gøre det alene. De ved ikke, hvordan man gør. Al den nødvendige viden om, hvordan man skaber en fysisk krop, ligger indlejret i den indkommende sjæls åndspakke og skæbneelement. Den indkommende sjæl har været på det fysiske plan utallige gange før, og det har en masse øvelse i, hvordan man skaber en fysisk krop. Den har sit skæbneelement fuld af talenter for skabelse af et fysisk legeme. Disse talenter ligger indlejret i skæbneelementet som en automatisk funktion, helt på linje med de mange automatiske funktioner vi alle har, såsom hjerteslag, fordøjelse, åndedræt, evne til at gå osv. En automatfunktion er noget, vi kan gøre, uden at hjernen og viljen er indblandet. Det er noget, vi har gjort så mange gange, at en talentkerne har overtaget funktionen, så vi ikke selv behøver at tænke aktivt over det.

Den indkommende sjæl sætter nu disse talenter på arbejde, og den vil skabe en ny fysisk krop helt og holdent i sin egen favør, hvilket betyder helt som det passer ind i dens kram. Det betyder, at den vil vælge og vrage i det genetiske materiale, der er stillet til rådighed af forældrene. Den vil aktivere de gener, den synes om og inaktivere dem, der ikke falder i dens smag. Som en dirigent vil den orkestrere celledeling, organskabelse og hele embryogenesen. Den vil, som sagt, gøre det i sin egen favør, og det betyder, at den vil skabe en krop helt som den gerne vil have det, afhængigt af dens pulje af talenter og med udgangspunkt i det punkt, hvorfra den slap, sidste gang den døde. Hver gang vi reinkarnerer, starter vi vores fysiske liv på det udviklingsniveau, vi nåede frem til sidste gang, vi døde. Vi fortsætter simpelthen vores fysiske rejse, og ingen af de ting, vi lærte i vores tidligere liv, går tabt. Den indkommende sjæl er fuldt klar over dette, og den vil skabe en krop, der passer til det udviklingsstadie, den har nået.

Lad os lige på dette tidspunkt gentage, at den opfattelse, som man har i visse østlige religioner, om at vi kan reinkarnere i sub-humane arter så som slanger eller rotter, er en fuldstændig misforståelse. Det kan ikke lade sig gøre, fordi der er en for lille overensstemmelse i vibration og bølgelængde mellem to forskellige arter. Vi kan ikke springe mellem to arter mellem to inkarnationer. Desuden kan vi kun bevæge os fremad i evolutionen, ikke baglæns. For hvert liv vi lever, bliver vi en bedre, mere moralsk, mere intelligent, mere humanitær og smukkere version af os selv. For hvert liv vi lever, bevæger vi et par skridt tættere på målet om at blive til ´mennesket i Guds billede efter hans lignelse´.

Med hensyn til påbegyndelsen af embryogenesen er det blevet anerkendt af videnskaben, at der i de første dage efter befrugtning bliver tilsat ny information til de ellers uvidende kønsceller. Pludselig findes der informationer i zygoten (det befrugtede æg), der ikke var der før. Det har undret forskere, hvor disse oplysninger kom fra. Efter celledeling har cellerne pludselig dannet tre lag: det ektoderme, det mesoderme og det endoderme lag. Hvordan ved cellerne at de skal lave denne differentiering? Hvor kommer impulsen og informationen fra? Fra de tre lag udvikler cellerne sig nu til de 200 + forskellige celletyper, som en menneskekrop består af. Hvordan er det overhovedet muligt, hvis der ikke er nogen ´dirigent´ eller en ´arkitekt´ bag denne meget komplekse proces?

Fra de to kønsceller udvikler embryoet / fostret sig til en cellestruktur, der består af milliarder af celler, der er organiseret på den mest hensigtsmæssige, logiske og velfungerende måde. Hvordan ville det være muligt uden et organisationsprincip? Nogen er nødt til at fortælle cellerne, hvad de skal udvikle sig til, hvor de skal bevæge sig hen, hvilken type celle de skal blive og hvilken funktion de skal udføre. Det er ikke så underligt, at dette mirakel er forblevet et mysterium for menneskeheden, så længe vi ikke har taget vigtigheden af den indkommende sjæl med i betragtning. Den indkommende sjæl rummer i sit skæbneelement alle de nødvendige informationer til fosterdannelse. Den har disse oplysninger, fordi den har akkumuleret dem over tusinder og atter tusinder af tidligere inkarnationer, hvor den langsomt lærte at mestre denne proces, der nu er blevet en automatfunktion.

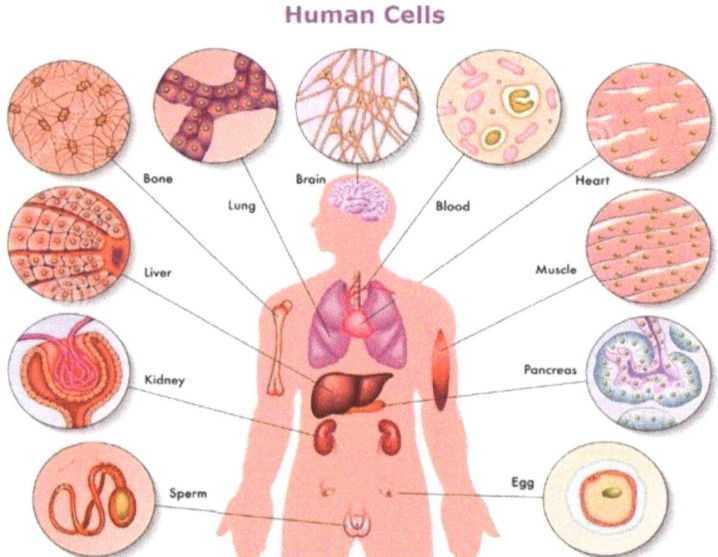

Dette er blot et lille udvalg af de mere end 200+ forskellige celletyper i en menneskekrop

Hvis det diskarnerede væsen ikke "deltog i festen" og styrede hele fosterdannelsesprocessen, kunne der overhovedet ikke skabes et nyt foster. Ægcellen og sædcellen kan ikke gøre det alene. De kan levere det genetiske basismateriale, men de har ikke tilstrækkelig know-how til embryogenese. Der er simpelthen ikke nok information til stede i de to sexceller for at starte og afslutte skabelsen af fosteret.

Det er forskning fra Zoologisk Institut, University of Oxford, der har opdaget, at der bliver tilføjet information i løbet af processen. Denne tilføjede information er et helt mysterium for videnskaben, fordi de ikke opererer med det åndelige element. De aner ikke, hvor de tilføjede oplysninger kommer fra. Men de kommer fra den indkommende sjæl, der, som nævnt, har al den nødvendige know-how indlejret i sit skæbneelement. Hvis der ikke var nogen indkommende sjæl, kunne der ikke skabes en ny baby.

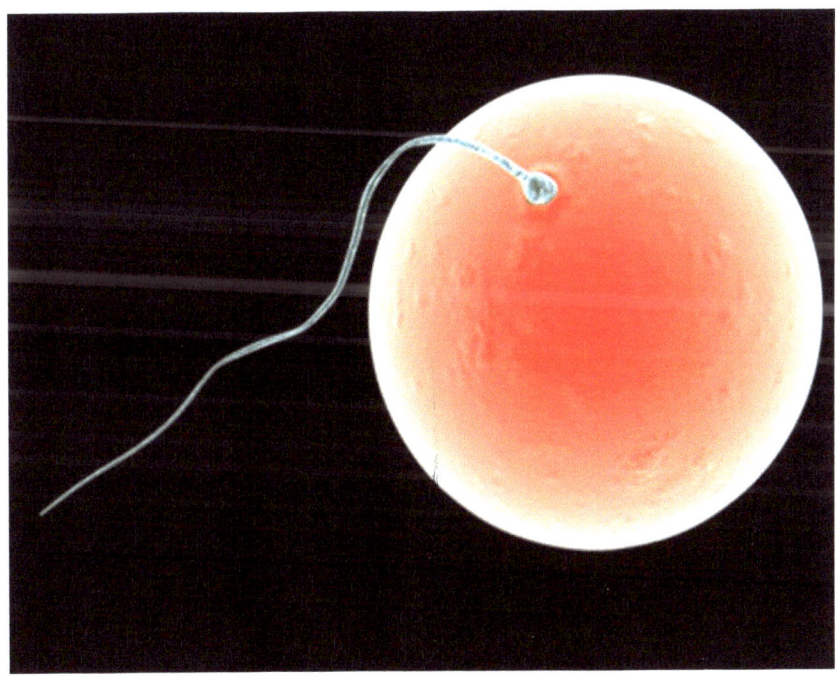
Sædcellen trænger ind i ægcellen

Den indkommende sjæl er allerede et højt udviklet væsen på det punkt i evolutionen, hvor vi står nu. Den har været på det fysiske plan i en fysisk krop utallige gange tidligere, og den er en virtuos i at skabe en fysisk krop. Den ved, hvordan det skal gøres, og som en dirigent organiserer den cellerne først i det ektoderme, det mesoderme og det endoderme lag og senere i de forskellige celletyper, som en menneskekrop består af. Intet nyt fysisk væsen kunne skabes uden de oplysninger, der ligger indlejret i den indkommende sjæls åndslegeme.

Allerede i livmoderen har fosteret mange færdigheder og evner, og det vil gøre brug af dem så hurtigt som muligt. Hvorfor ikke? Det kan allerede høre og fornemme, fordi disse evner allerede var veludviklede i dets sidste inkarnationer. Det ved, hvordan man bevæger sine lemmer, så det vil sparke og øve sig i at kontrollere sine muskler længe før fødslen.

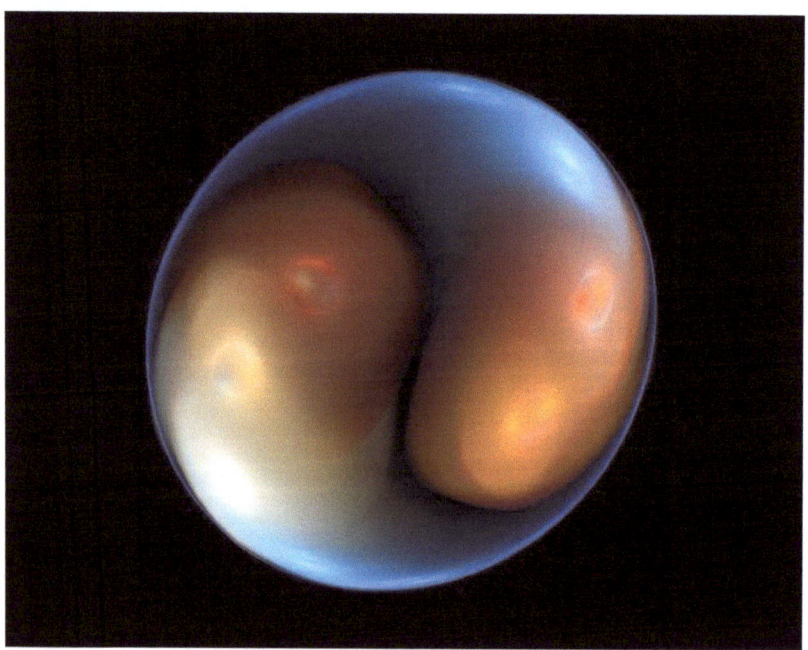

Zygote eller det befrugtede æg. Celledeling og skabelse af et nyt fysisk legeme starter først, når den diskarnerede ånd er gået ind i processen

Den baby, som moderen bærer, er ikke det hjælpeløse, uvidende væsen, som det som regel opfattes. Det er et væsen, der allerede er kommet langt i sin udvikling, og det er ikke den 'tabula rasa', som vi har fået at vide. Det er en gammel sjæl, der nu er klar til at starte på et nyt eventyr på det fysiske plan.

I dag er det erkendt, at barnet allerede kan høre i livmoderen flere måneder inden fødslen, man ved, at det kan fornemme moderens humør og reagere på det. Hvordan ville det være muligt, hvis barnet ikke havde nogen tidligere erfaring med at høre og føle?

Når barnet er blevet født, udviser det en masse færdigheder, som ville være umulige, hvis det virkelig var den 'tabula rasa', som de fleste mennesker tror. Hvis en nyfødt baby blev født uden tidligere erfaringer, ville det ikke være i stand til at høre, smage, se, føle, lugte, lave lyde, skrige, udtrykke individualitet og personlighed, for ikke at nævne at have en bevidsthed. Hvor vil det nye barns bevidsthed komme fra, hvis det ikke var en del af den åndspakke, som nu reinkarnerer?

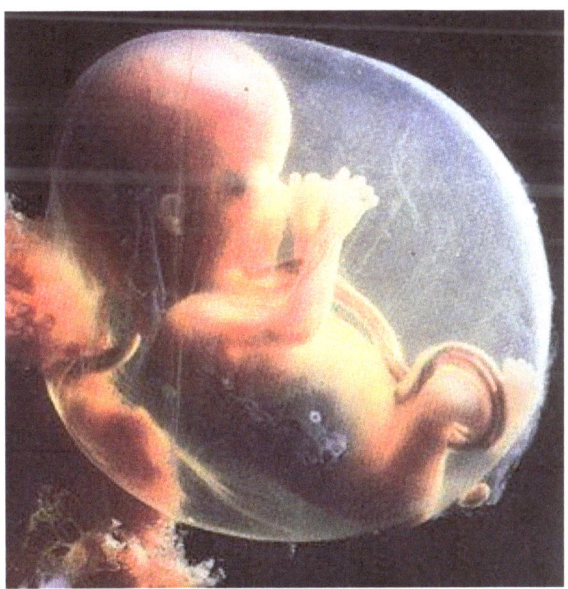

Fosteret efter 9 uger

Barnet har personlighed og specifikke præferencer allerede ved fødslen, og hvordan ville det være muligt, hvis det virkelig var en ´tabula rasa´? Det nyfødte barn er allerede et vidende og erfarent væsen ved fødslen, og nu skal det, i sit nye ´befordringsmiddel´, vænne sig til at fungere i sin nye krop.

Barnet lærer også hurtigt, hvordan man gør en masse ting. Efter et par måneder i vuggen lærer det hurtigt at kravle og derefter at gå, tale osv. Hvordan kunne det lære at gøre disse ting så hurtigt, hvis det ikke allerede vidste, hvordan man gør? At kravle er et godt eksempel. Barnet ruller om på maven, løfter sig op på armene, bøjer benene og kravler. Det at kravle er en overordentlig kompliceret aktivitet, som omfatter mange forskellige muskelgrupper og en masse koordinering. Hvordan ville det være muligt, hvis barnet ikke allerede vidste, hvordan man kravlede? At kravle indebærer en kompliceret koordinering af forskellige muskelgrupper, men barnet lærer det hurtigt helt af sig selv. Det skal bare lære at styre sin nye krop. Men det ved allerede, hvilke muskler der skal aktiveres og hvornår, fordi disse oplysninger ligger gemt i skæbneelementet.

Når et nyt barn fødes, bringer det evner og talenter med sig, som det har praktiseret og perfektioneret i tidligere liv. Hvis det ikke gjorde det, hvordan kunne babyer så gøre alt det, de gør, og være meget forskellige med hensyn til karakter, temperament, færdigheder, intelligens osv.? Når børn udviser forskellige evner, karaktertræk og talenter, er det fordi de har gennemgået forskellige erfaringer og oplevelser i deres tidligere liv.

Generne

Det antages generelt, at alle vores evner og talenter ligger i vores gener, og at vores DNA-kode er noget som er 'mejslet i sten'. Man mente, at vores DNA definerede, hvem vi er. Det blev antaget, at vi var ´ofre´ for de gener, vi havde arvet fra vores forældre. Det blev også antaget, at hvis vi kunne kortlægge det menneskelige DNA, ville vi holde nøglen til forståelsen af livet. Derfor blev millioner af dollars brugt på The Human Genome Project, hvis formål var at kortlægge det menneskelige genom.

Men der var en fejl i den grundlæggende antagelse, og denne fejl blev først opdaget efter mange års forskning. Ved starten blev det antaget, at forskere ved at kortlægge det menneskelige genom kunne definere oprindelsen af de fleste menneskelige sygdomme. Forudsætningen var, at alle menneskelige karakteristika kunne spores til specifikke gener, og at ét gen ville give én effekt. Dette blev betegnet genetisk determinisme. Det var forventet, at når alle gener var blevet kortlagt, så ville vi vide alt om, hvordan et menneske var sammensat.

Men da det foreløbige resultat blev offentliggjort, var der kun blevet fundet 25.000 - 30.000 gener. Det var alt for få til at tage højde for menneskers kompleksitet. Kun 30.000 gener blev fundet i menneskets genom, hvor forskere havde forventet 100.000. Desuden var der den chokerende kendsgerning, at vi mennesker kun har 300 specifikke gener, der gør os forskellige fra en mus. Hvordan kunne forskellen mellem en mus og et menneske forklares på kun 300 gener? Det kunne den jo ikke, så kortlægning af det menneskelige genom kunne ikke levere den forventede nøgle til forståelsen af livet.

Konklusionen var, at generne alene ikke rummer livets hemmelighed. Der var noget andet på spil, noget der regulerede, hvordan generne kom til udtryk, fordi generne alene ikke engang kunne begynde at forklare livets kompleksitet.

Derfor gik jagten ind på at finde de mystiske ´regulerende elementer´. Hvad var de for nogen? Hvor var de? Hvordan virkede de?

Epigenetik
Så opstod det forskningsfelt, som kaldes epigenetik. Epigenetik er forskning i ændringer i organismer forårsaget af modifikation af den måde, generne udtrykker sig på snarere end ændring af selve den genetiske kode. Med andre ord søgte forskerne efter det element, som kunne ændre genets udtryk uden at ændre nukleotidsekvensen. DNA-sekvensen forblev den samme, men genet udtrykte sig anderledes. Det

betyder, at et gen ikke er et stabilt element, det er ikke ´mejslet i sten´, men det kan ændres af ydre påvirkninger, hvilket betyder, at ikke-genetiske faktorer kan få organismens gener til enten at blive aktiveret eller ´slukket´. Disse ændringer kaldes epigenetiske ændringer, og de påvirker, hvordan genet opfører sig.

Faktorer udefra (epigenetiske faktorer) kan påvirke den måde, genet udtrykker sig på, så det opfører sig anderledes end forventet. Hidtil har forskere kigget på ydre faktorer såsom kost, medicin, kemikalier og miljøpåvirkninger, men hvad der egentlig bestemmer genets måde at udtrykke sig på, har man ikke nogen klar forståelse af.

Cellebiolog Bruce Lipton hævder dog at have fundet ´the missing link´ i vores bevidsthed eller tanker. Lipton afslører i sin banebrydende bog "The Biology of Belief" at hans forskning har vist, at vores gener og DNA ikke kontrollerer vores biologi, sådan som det var den traditionelle antagelse, men at DNA'et styres af vores overbevisninger og opfattelser. Lipton sammenligner et gen med keyboardet på et klaver, der kan afspilles på mange forskellige måder. Han foreslår, at det er vores tro, bevidsthed og tanker, der kan ændre genets udtryk. Dette er en opgør med den traditionelle måde at se på kroppen som en biokemisk maskine, hvor vi er ofre for vores gener. Hvis vi var syge og led af en arvelig sygdom, havde vi bare været uheldige, og der var ikke noget vi kunne gøre ved det. Men det er ikke sandt, siger Lipton. Vi kan gøre meget; faktisk kan vi ændre måden vores gener udtrykker sig på ved at ændre vores tanker. *Vi kan ændre vores biologi med vores tanker.*

Dette understøttes af Martinus. Han siger meget klart, at vores tanker er den vigtigste faktor i vores biologi og sundhed. Hvad vi tror, bliver vi.

Som nævnt i et tidligere kapitel siger Martinus, at vores tanker er små elektriske strømme på meget fine bølgelængder. Dette betyder, at når en person tænker, løber en strøm af fine elektriske bølger gennem organismen, hvilket gør tanken identisk med en 'elektrificering' af organismen. Denne elektrificering kan sammenlignes med en ´påfyldning´ af kraft eller strøm. Denne kraft er som nævnt identisk med vores livskraft. Tanker, bevidsthed og livskraft er de samme.

Vores tanker er den vigtigste faktor i vores helbred, som Martinus siger. Vores tanker overstyrer vores gener. Generne gør hvad tankerne fortæller dem, de skal gøre. Generne rummer simpelthen ikke livets hemmelighed, som man engang troede. Et gen er 'bare' en opskrift på et protein. Et protein er et fysisk stof, og det kan modificeres af tanker. Et fysisk stof som et protein kan ikke forklare vores ikke-fysiske evner såsom vores talenter og færdigheder. Talenter og færdigheder har ikke noget fysisk udtryk, de kan ikke findes noget sted i kroppen. De er åndelige enheder, der findes i skæbneelementet.

Den indkommende sjæl

Hvad der er nødvendigt for at sætte embryogenesen i gang og afslutte den, er de oplysninger, der er til stede i den indkommende sjæls bevidsthed. Som allerede nævnt skaber den indkommende sjæl sin nye krop på grundlag af sine akkumulerede talenter. Den orkestrerer hele processen og bestemmer, hvilke gener der skal aktiveres og hvilke der skal ´være tavse´. Den skaber en krop helt i sin egen favør eller helt tilpasset til sine egne behov. Den er ´arkitekten´ bag skabelsen i livmoderen. Det genetiske materiale spiller kun murstenens rolle, mens den indkommende sjæl både er bygmester og arkitekt.

Den indkommende sjæl vælger og vrager blandt det genetiske materiale, der stilles til rådighed af forældrene, og det er derfor at søskende kan være så forskellige. Hvis det kun var det genetiske materiale, der havde betydning for skabelsen af en ny krop, ville alle søskende være ens, fordi de har de samme gener. Men sådan er det jo ikke, og derfor er forskere kommet op med en ekstraordinær forklaring: Det er tilfældigheder!!!!

Ja, tilfældigheder! Det er tilfældigheder, der bestemmer resultatet af embryogenesen! Vi har mere end en trillion celler, der efter 9 måneder har udviklet sig til de mere end 200 forskellige celletyper, der nu, når fosteret er klar til at blive født, har organiseret sig i den meget komplekse struktur, som en menneskekrop er. Hvis det virkelig var tilfældigheder, der styrede processen, kunne det sammenlignes med tanken om, at byen Paris var opstået gennem en tilfældighed! Uden en plan, uden ide, uden organisation og logisk tænkning. Hele den komplekse skabelse skyldes tilfældigheder! Det er ensbetydende med at tro på, at en tornado kan blæse gennem en skrothandel og samle en jumbojet undervejs.

Nej, der er ikke en eneste velfungerende skabelse, der kan opstå på grundlag af tilfældighed.

Den indkommende sjæls ånd med al sin akkumulerede viden og talenter, der er opbevaret i skæbneelementet, er alfa og omega for fosterskabelse. Uden ånden kan intet nyt væsen fødes på det fysiske plan.

Kloning

Lad os kort komme ind på spørgsmålet om kloning eller kopimennesker. Mange mennesker er bange for eller undrer sig over, om vi vil være i stand til at klone mennesker, altså lave en kopi af et bestemt menneske. Vil vi være i stand til at skabe kopimennesker kunstigt i reagensglas ved hjælp af kloningsteknikken? Uha, det lyder som fagre nye verden og det er uhyggeligt at tænke på-.

Der er ingen grund til bekymring, fordi det kommer vi aldrig til at kunne, og hele ideen bunder i en stor uvidenhed om den indkommende sjæls rolle i fosterdannelsesprocessen. Nej og nej! Det bliver ikke muligt, fordi denne ide er forankret i den herskende misforståelse, at det kun kræver et æg og en sædcelle til at skabe et menneske. Tanken om, at vi kan klone mennesker overser fuldstændigt den rolle, som den indkommende ånd spiller. Da det er den indkommende ånd, der leverer al know-how for fosterskabelsesprocessen, kan der ikke skabes nogen kopi af et allerede eksisterende menneske. Der er ingen kopier, fordi ikke to væsner har gennemlevet de samme erfaringer, har udviklet de samme talenter og har udviklet sig lige langt. Ligesom der ikke findes to snefnug, der er ens, findes der ikke to mennesker, der er ens. Der findes ingen kopier. Der findes kun originaler!

Vi kan samle alle de nødvendige fysiske ingredienser, og vi kan endda injicere sædcellen i et æg, men vi kan aldrig producere to kloner. Det er ikke muligt, for vi har brug for tilstedeværelsen af en ånd for at kloningen skal resultere i et nyt menneske. Vi har brug for at en ånd eller indkommende sjæl deltager i eksperimentet.

Lad os sige, at vi forsøgte at klone et menneske. Vi har et rigtig flot og godt menneske, som vi gerne vil have en kopi af. Så vi tager de nødvendige celler og slutter dem sammen og så venter vi og ser. Lad os sige, at en ånd er med på ideen og søger reinkarnation i det befrugtede æg og en ny baby bliver født fra dette eksperiment. Den nye baby vil dog aldrig være en kopi af det oprindelige menneske, for det er jo den indkommende sjæl der bestemmer udfaldet af fosterdannelsen. Det er den indkommende sjæl, der skaber fosteret på basis af sine egne talenter og planer, og så er det lige meget, hvilke gener, der er til stede. Dem vil den indkommende sjæl jo vælge og vrage iblandt og det er disse epigenetiske faktorer, der er afgørende for udfaldet af fosterskabelsen. Hvis forskerne var så heldige, at der blev født et barn på basis af kloningsteknikken, ville de hurtigt kunne se, at det ikke var en klon! Sikke en overraskelse. Vi troede, vi kunne lave en kopi af Peter, men resultatet blev slet ikke Peter, men Søren. Hvordan er det gået til? Spørgsmålet kan ikke besvares uden den indkommende sjæl. Den formodede klon vil ikke være en klon af det oprindelige menneske. De to kan have de samme gener, men eftersom generne ændres og tilpasses til den indkommende ånds behov og ønsker, vil det ikke være en klon.

Og vi har jo allerede en masse "kloner" i form af énæggede tvillinger, til at løbe rundt. De kan se ens ud, men det er en ubestridelig kendsgerning, at énæggede tvillinger ikke er identiske med hensyn til personlighed, karaktertræk, talenter, vaner, præferencer osv. De er ikke kloner, fordi forskellige åndslegemer beboer de to organismer, der er skabt på basis af det samme genetiske materiale. Og til forskernes store forundring, har énæggede tvillinger heller ikke identisk DNA. Der er forskelle, og selvfølgelig er der det, for det er jo den indkommende sjæl, der manipulerer med det genetiske materiale og aktiverer og slukker for visse gener.

Dolly

Men hvad så med fåret Dolly? Er det ikke en klon? Nej, det er ikke. To forskellige åndspakker bebor klonen og originalen. Men fordi det er svært at se forskel på karaktertræk og personlighed hos to får, er de blevet antaget at være kopier af hinanden. Fårene ligger langt bag menneskene på evolutionsstigen, og de har endnu ikke haft tid til at udvikle sig til mærkbart forskellige individer. De er stadig i høj grad flokdyr. Derfor blev Dolly og hendes klon antaget for at være identiske, men det er de ikke, fordi to forskellige åndspakker bebor de to kroppe.

Det er umuligt at lave en kopi af noget som helst levende væsen. Vi er alle helt unikke. Vi er unikke fordi vi alle er et resultat af vores høst af erfaringer fra tidligere liv, og der findes ikke to væsener, der har haft helt identiske oplevelser. Husk at vi taler om erfaringer samlet over millioner af år. Alle disse oplevelser har formet os til den person, vi er i dag. Der er ingen kopi af dig, der løber rundt noget sted. Vi er alle helt unikke.

Vores børn

Vi har en tendens til at tænke på vores børn som små mennesker, der tilhører os. Vi tror, vi har skabt dem, og nu er de vores. Men det er de ikke. Vores børn er kun vores, fordi vi har haft det privilegium at være deres forældre. Vores børn tilhører livet selv, og de er her midt i vores liv, og vi tager os af dem og elsker dem, men de er her ikke for at være en forlængelse af os. De er her med deres egne dagsordener. De er her med deres mange talenter, som de skal sætte på arbejde for at skabe deres nye fysiske krop, og de er her for at komme videre med deres udvikling.

Vi er ikke rimelige overfor dem, hvis vi stiller en masse krav til dem og kræver, at de gør dit og dat for os, fordi vi er deres forældre.

Vi kan ikke beslutte, hvilken uddannelse de skal tage, hvilke job, de skal forfølge, hvem de skal samarbejde med eller gifte sig med. Vi må give slip på dem og lade dem gøre som de vil. Da vi med sikkerhed ikke ved, hvilke lektioner de er kommet ned for at lære, skal vi ikke forsøge at styre deres liv og vi skal kun give råd, når de beder om det. Vi er her for at hjælpe dem på vej, vi er ikke her for at bestemme, hvordan de lever deres liv.

Men det betyder ikke, at vi ikke skal lære dem pæne manerer og være et godt eksempel for dem. For det er sådan, at du lærer andre med dit eksempel og ikke så meget med dine ord. *"Gør ikke som jeg gør, gør som jeg siger!"* Det er en almindelig bemærkning fra forældre, men det virker ikke så godt som de eksempler, vi viser.

Når vi ser på vores børn og ser, hvor forskellige de er, så må vi indse, at der er mere på spil end en tilfældig cocktail af gener. Selv søskende af samme køn, der er kommet fra det samme genetiske materiale, er vidt forskellige og har så mange forskellige talenter og evner, at der nødvendigvis MÅ være noget andet på spil. Vi har bare ikke vidst, hvad det var før Martinus afslørede processen med reinkarnation og åndspakken. Forskellige åndspakker beboer vores børn, og hvis vi spørger en treårig: "Hvem var du, da du var stor?" vil vi ofte få de mest interessante svar. De små børn er glade for at tale om det, og de sætter stor pris på at blive anerkendt som et modent væsen og ikke blive behandlet som et uvidende barn.

Tænk over det: Du er blevet betroet en dyrebar sjæl i nogle årtier, og du skal gøre, hvad du kan for at hjælpe den sjæl på vej på det fysiske plan. Gør dit bedste, men prøv ikke at kontrollere eller bestemme over dit barn. Det er ikke dit job. Men at være en kærlig forælder er.

Hvorfor kan vi ikke huske vores tidligere liv?

Mange mennesker nægter at tro på reinkarnation fordi de tror, at hvis vi havde levet før, så ville vi kunne huske disse liv.

Der er faktisk børn, der husker tidligere liv, og vi kommer snart tilbage til dem.

Men generelt kan vi ikke huske vores tidligere liv. Hvorfor nu det?

Martinus forklarer det således: Vi skal ikke huske vores tidligere liv, når vi reinkarnerer ind i en ny fysisk krop, fordi disse minder ville være en tung byrde for os at bære rundt på. Det ville ikke være i vores egen interesse at bære rundt på minder fra liv, hvor vi var udsat for lidelse, hvor vi var i krig eller koncentrationslejr, hvor vi var slaver eller blev tortureret, hvor vi sultende eller frøs, hvor vi levede under elendige forhold eller arbejdede under umenneskelige betingelser eller blev ofret levende. Husk at vi har millioner af liv bag os, så hvilke minder skal vi kunne huske? Nej, det er i vores egen interesse, at vi ikke aktivt kan huske vores tidligere liv.

Men vores tidligere liv er ikke tabt for os! Vores tidligere liv er hos os i hver eneste ny inkarnation i form af den person, vi nu er. Vi er alle blevet formet af vores tidligere erfaringer og oplevelser og det er disse, sammen med vores talenter – de ting vi har øvet os i og er blevet gode til, der definerer hvem vi er i dag. Vi har vores skæbneelement med os hele tiden, og på baggrund af de oplagrede oplysninger kan vi trække på disse oplysninger i situationer i vores nuværende liv. Det er gennem vores tidligere liv, at vi har nået vores nuværende udviklingsstadium og vores moral, vores adfærdskodeks, vores intelligensniveau, vores præferencer og vaner, hvad vi kan nænne at gøre mod andre, er alle resultater af vores høst af visdom i tidligere liv. Det, vi er i dag, er et resultat af alle de liv, vi har levet før, og vi bærer den visdom, vi har høstet i disse liv med os, i hver ny inkarnation. Vi tager essensen af vores tidligere liv med os, men ikke de dagbevidste minder.

Ting at tænke over fra Maria:

Ang.: Reinkarnationsprocessen

Mit gæt er, at meget få, hvis nogen overhovedet, nogensinde har tænkt på den seksuelle akt på den måde, som Martinus beskriver den. Det tilføjer et helt nyt aspekt af spiritualitet til sex, som jeg ikke er stødt på i nogen anden bog, jeg nogensinde har læst. Sex og åndelighed er normalt ikke gode sengekammerater - undskyld ordspillet! Hvis man tænker på de almindelige religioner, er sex blevet betragtet som en synd af mange af dem. Men i lyset af hvad Martinus har vist os, kunne intet være længere fra sandheden.

Selvfølgelig taler vi om den store, altopslugende form for sex (og det er jo ikke altid, vi oplever det, som Else har nævnt) og kærlighedens magt i sin fysiske form, når vi bliver fortæret af kærlighed og lidenskab overfor en anden person. Jeg havde aldrig tænkt over, at dette kunne betyde, at vi i sådanne lidenskabelige øjeblikke var i kontakt med Guds ånd! Wow, den idé kommer sikkert til at skabe en del postyr! Det er også fantastisk at tænke på de diskarnerede væsener, der venter i det åndelige rige på at "være med til festen", som Else siger. Disse begreber omdefinerer den seksuelle handling på måder, vi aldrig har overvejet før.

I denne forbindelse anbefaler jeg, at du genlæser afsnittet 'Vælger vi vores forældre' omhyggeligt og studerer Symbol nr. 34 (og som anbefalet, går til Martinus Instituts hjemmeside martinus.dk og downloader og trykker symbolet ud, så du har det ved hånden mens du læser forklaringen). Jeg kan ikke helt tilføje noget selv her. Men jeg ved helt sikkert, at jeg aldrig har stødt på en mere omfattende og overbevisende forklaring på befrugtningsprocessen og fosterdannelsen.

Ang: Generne

For en lægperson (som mig selv!) var det vigtigste fra dette afsnit endnu engang kraften i vores tanker. Jeg har læst Bruce Liptons bog og var glad for at høre, at Martinus understøtter Liptons forskning, og at vi faktisk kan ændre vores biologi med vores tanker. Hvis vi igen sætter dette i forbindelse med Loven for Tiltrækning, der siger at ens energier tiltrækker hinanden, og at vi bliver det, vi tænker på, så understreger det endnu engang betydningen af denne lov.

Måske kan det forklare, hvordan meget syge mennesker har helbredt sig selv, til stor forbavselse for etablerede medicinske eksperter, der sagde, at de var »uhelbredelige«, at de ikke kunne reddes og måske kun havde få måneder tilbage at leve i. Både Lipton og Martinus viser, hvorfor dette er muligt, og at vores tanker er mere magtfulde end hvad de fleste eksperter havde forestillet sig – ja så stærke at de kan påvirke generne!

Dette vender op og ned på en masse videnskabelige teorier, men videnskaben har jo heller ikke svar på alt. Med tiden vil videnskaben nærme sig sandheden og til sidst tror jeg, at Martinus´ lære vil blive "opdaget" af forskere, da deres udforskning af videnskabelig viden fortsætter ... viden som en simpel, uuddannet, illegitim dansk mand allerede har givet os. Det får mig til ønske, at jeg kunne projicere mig selv ud til et fremtidigt liv for at se, når dette bliver en realitet!

Ang.: Kloning

Ideen om at klone et menneske (eller tilmed et får!) har altid føltes forkert for mig. Jeg synes, der var noget, der ikke kunne passe, og jeg var glad for at læse Elses afsnit om kloning, fordi det bekræftede mine følelser. Det er ikke muligt at klone et menneske (eller et får!), Og det er klart, hvorfor, når vi ser, at vi alle er helt unikke; hver enkelt af os er en unik åndelig enhed. Jeg synes, det er virkelig vigtigt for os at internalisere denne viden og prøve at forstå, hvor unikke vi hver især er. Sammenlign aldrig dig selv med andre, for som jeg så ofte har sagt, hvis du gør det, så kommer du nemt til at devaluere, hvem du virkeligt er. Når du indser, hvor betydningsfuld du er, bare ved at være her, og hvor meget du har udviklet dig gennem dine mange liv, er det så ikke bare ærefrygtindgydende?

Hvis vi ser tilbage på vores historie, bliver det tydeligt, at vi på trods af krige og global strid er en meget venligere race, end vi var engang. Prøv at tænke på den vildskab, brutalitet og manglende respekt for livet, der engang var almindeligt. Tænk på romerne, der fodrede mænd til løver, mens tusindvis af tilskuere jublede og klappede; tænk på konger og dronninger, der fik folks hoveder hugget af uden at vise det mindste tegn på anger, for ikke at nævne de relativt nylige grusomheder såsom slaveri og holocaust. Mennesket har i det store og hele udviklet sig så meget, at det nu ved, at denne form for brutalitet og manglende respekt for menneskeliv ikke længere er acceptabel. Så, på trods af nutidens rædsler er tingene bedre, end vi måske forestiller os. Vi bliver bedre, mere kærlige og mere velovervejede.

Ang.: Vores børn

Jeg er meget glad for dette afsnit, for som klinisk hypnoterapeut og livscoach behandler jeg hele tiden klienter, som har lidt på grund af deres forældre. Mange er blevet voldsomt misbrugt, men misbrug kan komme i meget subtile former og kan ødelægge barnets ret til at leve sit eget liv på sine egne vilkår. Alt for mange forældre ønsker, at deres børn skal leve i overensstemmelse med forældrenes ønsker og krav, hvilket helt overser barnets ret til at gå sine egne veje, lave sine egne fejl og lære sine egne lektioner. Det voksne barn har ofte dybtliggende vrede, depression, traumer og en lang række andre negative følelser som følge af ikke at have fået lov til at vokse til at blive den person, de gerne ville være. Forældre skal forstå, at selv om de gav deres barn et fysisk liv, så ejer de ikke rettighederne til at bestemme over barnets liv for evigt. De skal holde sig i baggrunden, være gode eksempler og være der for at støtte deres afkom, når det er nødvendigt. På den måde vil millioner af mennesker være fri til at være sig selv, og en masse følelsesmæssige og psykiske problemer kunne være undgået.

Tænk på dine egne forældre. Hvordan har de påvirket dig? Har de været imod eller for at du gik dine egne veje? Mener du selv, at du har ret til at leve dit liv på dine egne vilkår? Og hvad kan du gøre for at ændre på tingene, hvis du ikke allerede lever det liv, du gerne vil?

Ang.: Hvorfor kan vi ikke huske vores tidligere liv?

Når du nu ved, at du ofte ikke kan huske, hvad du drømte sidste nat, eller hvad du lavede i forgårs, er det så underligt, at du ikke kan huske dine tidligere liv? Og som Else siger, så ville det være meget forvirrende, hvis du kunne! De fleste af os har mere end nok at kæmpe med i dette liv. Det faktum, at vi ikke kan huske vores tidligere liv, er en velsignelse og en beskyttelsesmekanisme.

Men hvis du virkelig ønsker at dykke ned i dine tidligere liv, kan det gøres med hypnose. Normalt ønsker folk at blive ført tilbage til tidligere liv via hypnoterapi af tre grunde: nysgerrighed, for at finde helbredelse for specifikke lidelser eller for at få indsigt i, hvad formålet er med deres nuværende liv. Mange mennesker har fundet utrolig helbredelse ved hjælp af regressionsterapi. Igen henviser jeg til dr. Brian Weiss, hvis du er interesseret i at undersøge dine tidligere liv. Han har en live session på YouTube, hvor du kan prøve selv.

Du kan også tjekke nogle af de bøger, som Else har henvist til, hvis du vil forske dybere ned i dig selv. Det er fascinerende!

6. Beviserne

Er der nogen beviser for, at vi har levet før? Ja, dem er der masser af. Når det kommer til videnskabeligt fremlagte beviser for reinkarnation, står vi i gæld til den afdøde forsker Ian Stevenson, som var professor i psykiatri ved University of Virginia School of Medicine. I løbet af sit arbejdsliv samlede Stevenson mere end 3000 tilfælde (cases) af børn, der huskede tidligere liv. Hans arbejde er blandt andet blevet udgivet i bøgerne: "Twenty Cases Suggestive of Reinkarnation" og "Where Reinkarnation and Biologi Intersect" (se bibliografien).

Børn, der husker tidligere liv

I dette kapitel vil vi præsentere flere fascinerende tilfælde af børn, der husker tidligere liv. Disse børn husker ikke blot en række detaljer fra et tidligere liv, men de fleste kan endda huske, hvad de hed, hvor de boede og hvem deres familie var. Nogle har ovenikøbet ar, de kan forbinde med erindringer om sår, der blev påført i et tidligere liv. Da børnenes erindringer ikke kan forklares at stamme fra nogen form for "normal" kilde, er de en stærk argumentation for reinkarnation, og de er med til at underminere den generelle opfattelse om, at vi kun lever en gang.

I sin bog "Twenty Cases Suggestive of Reincarnation" præsenterer Ian Stevenson nogle meget overbevisende tilfælde af børn, der husker tidligere liv. De tyve børn, hvis historier bliver præsenteret i bogen, har alle erindringer der ikke kan henføres til deres nuværende liv, og de kan i de fleste tilfælde give navnet og i alle tilfælde forskellige karakteristika af den person, hvis liv de husker. De kan fortælle intime detaljer fra det tidligere liv, og disse detaljer er blevet bekræftet at være sande gennem interviews med familiemedlemmer fra den tidligere personlighed. Alle cases i bogen er fuldt dokumenteret med en strengt videnskabelig tilgang, alt er blevet kontrolleret og dobbelttjekket, og resultaterne præsenteres helt nøgternt og faktuelt. De tyve cases er samlet fra mange forskellige steder, såsom Ceylon, Indien, Alaska, Brasilien og Libanon.

For Stevenson er en sag blevet bekræftet, når han finder et barn med spontane og detaljerede minder fra et liv, der i detaljer passer til en afdød persons. Erindringerne skal relateres til én (og kun én) afdød person. For at en sag kan verificeres, er det en forudsætning, at barnet ikke har haft mulighed for at have erhvervet oplysninger om den afdøde person på normal måde. Med andre ord er en sag kun verificeret, når begge sider af ligningen passer, og når den eneste logiske forklaring på den viden, som barnet har, er minder fra et tidligere liv.

En sag begynder typisk, når et ungt barn omkring 3 årsalderen uden nogen form for indledning begynder at tale om et tidligere liv. Barnet vil nævne folk og steder, som ingen i hans familie har hørt om før, og vil i visse tilfælde beskrive detaljer om sin tidligere død. Barnet vil insistere meget på, at det har et andet navn, og det vil fortælle sine forbavsede forældre, at det faktisk er en anden. Det kan også sige, at det har andre forældre eller en kone og børn, der bor i en anden by eller endog i et andet land. Barnet fortsætter med at tale om sin tidligere personlighed i flere år, generelt til forældrenes store irritation.

Når Stevenson gennem et netværk af hjælpere hører om et sådant barn, besøger han barnet og noterer alle de data ned, som barnet fortæller. Om muligt arrangerer Stevenson, at barnet bliver taget hen til den by, hvor det siger, det har levet før. På dette besøg vil barnet typisk føre vej igennem gaderne til sit tidligere hjem og vil spontant genkende og hilse på personer som gamle venner og kalde dem ved deres kælenavne. Når barnet kommer ind i huset, hvor det boede før, vil det kommentere på ændringer i husets indretning eller udsmykning, det vil spørge om personer og ting, som det mener mangler og vil huske hændelser fra fortiden. I visse tilfælde afslører det viden om hemmelige skjulesteder, eller hvor familien guld er skjult, om familiegæld eller gamle skandaler, som alle bekræftes at være sande af de overlevende familiemedlemmer. Barnet ved intet om tiden efter dets tidligere legemes død - hans eller hendes minder er begrænset til det tidsrum det levede i sit tidligere legeme.

I "Twenty Cases" baserer Stevenson sig mest på mundtlige rapporter baseret på hukommelse fra sine cases og informanter. Men i sin bog "Where Reincarnation and Biology Intersect" tilføjer han endnu et meget mere håndgribeligt bevis for at have levet før: Ar og modermærker på kroppen hos de børn, der husker et tidligere liv.

Et eksempel på en sådan sag følger. Ian Stevenson fortæller: "Den case i denne gruppe, som jeg vil præsentere mest detaljeret, er Chanai Choomalaiwong, der blev født i det centrale Thailand i 1967. Hans forældre levede adskilt, og Chanai voksede i starten op hos sin mor og mormor, der ejede en andegård. Fra han var to år, levede han alene med sin mormor på et sted, der hed Nong La Korn. Da Chanai blev født, viste det sig, at han havde to modermærker, et bag på hovedet (figur 4) og et foran, over det venstre øje (figur 5). På det tidspunkt havde hans familie ingen anelse om, hvor de kunne stamme fra.

Da Chanai var omkring 3 år gammel, bemærkede hans mormor, at da når han legede med andre børn, ville han foregive at være lærer, og han sagde også, at han havde været lærer i sit sidste liv. Han sagde, at han hed Bua Kai og var blevet skudt og dræbt, mens han var på vej til skole. Han sagde, at han havde forældre, en kone og børn. Han begyndte at bede sin mormor om at bringe ham hen til Bua Kais forældre og påstod, at han kunne vise, hvor de boede på et sted der hed Khao Phra.

Til sidst besluttede mormoren sig til at bringe ham til Khao Phra, da Chanai stadig var under 4 år gammel. De tog med bus til en by der hed Khao Sai, som ligger nær Khao Phra. Der førte Chanai dem hen til et hus. De trådte ind, og Chanai genkendte et ældre par som ´sine´ forældre. De var forældre til en lærer der hed Bua Kai Lawnak, som var blevet myrdet i 1962. De undersøgte Chanai's modermærker, og disse, sammen med hans forskellige udsagn, imponerede dem så meget, at de inviterede ham til at komme tilbage en anden gang. På det andet besøg til Bua Kais familie genkendte Chanai andre

107

familiemedlemmer og også nogle ting, der havde tilhørt Bua Kai. Han besvarede spørgsmål om Bua Kais ejendele med imponerende nøjagtighed ...

Om morgenen den 23. januar 1962 forlod Bua Kai sit hjem for at cykle til skole. Undervejs blev han skudt i hovedet bagfra og døde næsten øjeblikkeligt. " (Stevenson: "Where Reincarnation and Biology Intersect" side 38-39).

I sin rapport fortsætter Stevenson med at forklare, hvordan en læge specificerede placeringen af indgangs- og udgangs sårene fra kuglen på Bua Kais krop. Da Stevenson mødte Chanai, undersøgte han ham og fotograferede disse modermærker (derfor henvisninger til figur 4 og 5). Positionerne for Chanai's modermærker var identiske med Bua Kais indgangs- og udgangsår.

I denne case er der, ligesom i de øvrige cases fra "Where Reincarnation and Biology Intersect", velbegrundede og pålidelige beviser, der støtter informantens påstand om et tidligere liv. Ikke alene kan informanten huske episoder fra et tidligere liv, men den reinkarnerede persons krop bærer synlige ar fra sår, der blev påført kroppen i en tidligere inkarnation.

Det skal bemærkes, at når et barn husker et tidligere liv, skyldes det for det meste, at det tidligere liv sluttede voldsomt. Det er som om den voldelige død sætter et stort aftryk på bevidstheden, og den dagbevidste erindring om dette fortsætter efter reinkarnation. I de fleste tilfælde er det børn, der døde voldsomt i deres sidste inkarnation, der husker deres tidligere liv. Det er meget usandsynligt, at en person, der har levet et langt liv og døde fredeligt af alderdom, kan huske et tidligere liv.

Ian Stevenson døde i 2007, men forskning om børn, der husker tidligere liv, foregår stadig og emnet er blevet yderligere styrket af den amerikanske forsker og forfatter Carol Bowmans arbejde, som hun har publiceret med titlen "Children's Past Lives. How Past Life Memories Affect Your Child". I denne bog fortæller Carol Bowman om et stort antal tilfælde, hovedsagelig fra USA, indsamlet af hende selv, hvor børn spontant husker tidligere liv.

Små ting kan udløse erindringer fra tidligere liv hos et barn, som f.eks. i et tilfælde, hvor en far sad og så TV, da hans 3-årige søn passerede ham på vej op i seng. På TV var der et historieprogram, og drengen pegede på skærmen og sagde: "Det er Abe Lincoln, er det ikke? Jeg kæmpede for ham i krigen". Drengen fortsatte derefter med at beskrive sit liv som soldat i den amerikanske borgerkrig med så mange små detaljer og med en så moden stemme, at hans far blev overbevist om, at han huskede et tidligere liv.

I sin bog "Return from Heaven" koncentrerer Bowman sig om tilfælde af børn, som reinkarnerer i den samme familie, som de døde fra. Carol Bowman siger:

"Jeg kan som regel spotte de ægte tilfælde efter blot at have talt et par minutter med forældrene, fordi de passer til det mønster, jeg har lært at stole på som tegn på erindringer fra tidligere liv. Faktisk er det forbløffende, hvor ofte jeg ser de samme ting i sag efter sag: Den meget unge alder, hvor barnet begynder at tale om det tidligere liv, den alvorlige og ligefremme stemmeføring, udsagn med specifikke henvisninger til fortiden, samt den adfærd og de fysiske egenskaber, der passer til den afdøde... Det store antal ens tilfælde jeg ser, er ikke de eneste, der peger på et reelt fænomen. Det er også hvordan forældrene bliver overbeviste, ofte imod deres vilje. De fleste af de mennesker, der opsøger mig, har ingen forudgående tro på reinkarnation. Tanken om, at en slægtning kunne blive født i deres familie, er ikke noget, de nogensinde har tænkt muligt. Mange bliver i starten meget oprørte over det, de ser og hører fra deres barn, fordi det ryster deres tro på, at "vi kun lever én gang" og det går stik imod den tro, de er vokset op med". (Bowman:" Return From Heaven ", s. 49-50).

I denne bog beretter Bowman om en række tilfælde af børn, der reinkarnerer i samme familie, som de for nylig var døde fra. Det kan være mødre, som reinkarnerer som deres egne børnebørn, onkler, som reinkarnerer som deres egne nevøer eller endog børn, der døde unge, som bliver genfødt hos den samme mor. Sagerne er meget overbevisende, og de bringer stor glæde og trøst til forældrene, der gennem typiske adfærdsmønstre eller modermærker genkender et afdødt familiemedlem i deres unge barn.

Her er et interessant tilfælde. Kvinden, der fortæller sin historie, Candy, havde mistet sin mor, Artise, til kræft. Artise havde været en munter kvinde, der elskede at synge, danse og optræde. Candy blev senere gravid og fødte en sund pige, som hun kaldte Kari.

En dag, da Candy var ude at købe ind i supermarkedet med Kari, passerede en clairvoyant kvinde hende. Kvinden gik hen til Candy og spurgte hende, om hun var klar over, at det var hendes mor, der var kommet tilbage som hendes datter. Men Candy vidste det allerede, for Kari lignede sin mormor fra det øjeblik, hun blev født. Alle i familien så lighederne mellem Kari og Candys mor, Artise. Før hun kunne gå, plejede Kari at sidde i sin kravlegård og nynne gamle melodier, som Candy ikke genkendte, men Candys mormor, Dolores, kendte dem og kunne fortælle, at det var sange, som Artise plejede at synge.

Senere fandt følgende episode sted:
"En dag var Dolores og jeg ude og shoppe og selvfølgelig tog vi toårige Kari med os. Vi kørte ned ad vejen med hende på bagsædet i barnesædet og hun nynnede lystigt som sædvanligt. Pludselig brød hun ud i sang med den gamle kendte melodi "Chattanooga Choo Choo" - hun kendte hvert et ord! Jeg blev bragt helt ud af den og måtte trække ind til siden, for ikke at køre galt. Så sad vi alle bare der i vejkanten, indtil Kari var færdig med alle versene. Min stakkels mormor flippede helt ud og mumlede: "Åh, min Gud! Åh Gud!"

Jeg spurgte Dolores, "Sang bedstefar ikke altid den sang?" Jeg huskede, at han tit sang den, når vi var ude og køre bil.

"Jo", sagde hun, "det var en af hans og Artises yndlingssange". Det var helt utænkeligt, at Kari kunne have hørt sangen og dens tekst. Hun havde aldrig hørt sangen før, ikke fra radio eller tv - det er ikke en sang, man hører mere. Og hun kunne ikke have hørt den fra mig. Jeg

var vagt opmærksom på sangen, men jeg kendte ikke alle versene, og Dolores gjorde heller ikke. Men denne lille toårige kendte alle dem, hver linje!"
Bowman: "Return from Heaven" side 94.

Candy er helt overbevist om, at hendes datter er hendes mor, der er genfødt. Lighederne mellem de to personligheder er så slående, og følelsen af at være sammen med den samme person er så overbevisende, at Candy er blevet overbevist om reinkarnation.

Antallet af sager indsamlet af Carol Bowman og umuligheden af at "bortforklare" de minutiøse, korrekte detaljer, som børnene fortæller, er meget overbevisende og en meget interessant læsning, som bestemt tyder på, at vi har levet før.

Vi vil også lige præsentere følgende eksempel fra den islandske forsker Erlendur Haraldssons bog: "I Saw the Light and Came Here":

Drengen Nazih fra Libanon kom med flere udtalelser om et tidligere liv til adskillige familiemedlemmer. Han sagde: "Jeg er ikke lille, jeg er stor. Jeg bærer to pistoler og 4 håndgranater. Jeg er en frygtløs stærk person, jeg har mange våben. Mine børn er unge, og jeg vil gerne tage hen og besøge dem". Til sin mor sagde han: "Min kone har smukkere øjne end dig". Han beskrev, hvordan han blev skudt af bevæbnede mænd. Da Nazih var syv år gammel, gav forældrene endelig efter for hans vedholdende plagerier og tog ham hen til den by, hvor han hævdede at have boet før. Han førte dem hen til en gade, hvor han sagde, at han havde boet før. Der mødte de en ung enke og hendes børn. Hendes afdøde mand Fuads liv svarede til Nazihs minder. Nazih svarede korrekt på spørgsmål om Fuad, som kun konen og Fuad vidste. Nazih genkendte også nogle af Fuads ejendele, og han mindede Fuad's kone om begivenheder, de havde oplevet sammen.

Der er umuligt, indenfor vores traditionelle forståelse af verden, at redegøre for Nazihs minder. Han kunne ikke have fået adgang til den detaljerede viden om Fuads liv gennem kendte kanaler, da han aldrig havde været i kontakt med nogen, der havde kendt Fuad. Det er også umuligt at forklare de intime detaljer, han delte med Fuads enke, uden at tage reinkarnation i betragtning. Men vi reinkarnerer jo alle, så der er ikke noget mærkeligt i det. Det er dog kun i særlige tilfælde som dette, at de dagsbevidste minder fra det tidligere liv springer over i den nye inkarnation. I dette tilfælde var der igen tale om en voldsom død, idet Fuad var blevet skudt.

Som vi så i tidligere kapitler, frigives åndspakken med bevidsthed / jeg / livskraft fra det fysiske legeme når døden indtræder, men den ophører ikke med at eksistere. Den lever videre som en åndelig enhed med sin bevidsthed og selvfølelse intakt.

Bevidstheden indeholder alle de oplysninger, som jeget har akkumuleret i løbet af en lang række inkarnationer, og det betyder, at personlighed, karaktertræk, talenter, vaner og tilbøjeligheder, smag og tendenser, moralniveau, intelligensniveau osv. overføres fra en inkarnation til den næste. Vi er simpelthen det samme væsen fra den ene inkarnation til den næste. For hvert liv vi lever, samler vi nye erfaringer, og nye evner tilføjes i form af talenter, men vores væsenskerne, vores jeg, er det samme fra liv til liv. Vi lærer og bliver bedre, klogere, smukkere og mere menneskelige for hvert liv vi lever. Målet med vores udvikling er som nævnt at blive perfekte mennesker, uden alle 'lavere' tendenser, såsom intolerance, had, misundelse, grådighed, egoisme, negativitet osv. Lad det her blot være tilstrækkeligt at sige, at det er en gammel sjæl med al sin akkumulerede visdom, der reinkarnerer i den nye baby.

Martinus forklarer også, at ar og modermærker kan overføres fra ét legeme til det næste, og at de vil være særligt iøjnefaldende, når arene er resultatet af dødelige sår. Hvis et sår var så alvorligt, at det var dødsårsagen i den tidligere inkarnation, har kroppen ikke haft tid til at helbrede såret, og sårets ufuldkomne heling vil blive overført til det næste legeme, simpelthen fordi dette sår vil have påvirket evnen til kropsdannelse lokalt. Hvis derimod en person har et sår, der har helet, så vil dette sår ikke være synligt eller ikke ret tydeligt synligt på den næste krop, fordi helingsprocessen er afsluttet, og så kommer der ikke ar på den næste krop.

Vidunderbørn

Det er tidligere blevet sagt, at vi bliver gode til ting ved at øve os. Når vi øver os, dannes der en lille talentkerne i vores overbevidsthed, og jo mere vi øver os, jo bedre bliver vi til at udføre den pågældende aktivitet. Når vi har øvet os meget, kan vi blive rigtig gode til at udføre aktiviteten, ja vi kan blive genier.

Den eneste måde at blive god på noget er som sagt ved at øve. Vi bliver ikke gode til noget som helst ved bare at ligge på sofaen. Når vi er født med talenter for bestemte ting, er det fordi vi har arbejdet hårdt for at få disse talenter. De talenter vi har, er ikke bare faldet ned fra himlen og landet i vores skød.

Når vi nu ved, at vi kun bliver gode til ting gennem øvelse, så er det indlysende, at når vi er født med talenter, skal vi have været på et sted, hvor vi kan have øvet os på at udføre disse talenter. Og et sådant sted kan kun være et tidligere liv. Hvad kan det ellers være?

Vores talenter er beviser på, at vi har levet før. Men nu kan du sige, du tror, at du bare arver dine talenter fra dine forældre. Ja, det er den almindelige opfattelse, og den kan holde, når vi har talenter, som vi har til fælles med vores forældre eller bedsteforældre. Men hvad med de talenter vi har, som vi ikke deler med vores forældre eller bedsteforældre? Hvordan kan de forklares? Jo, det er et aspekt, som Videnskaben aldrig har forsøgt at forklare, ja, den har ikke engang en teori.

Men Martinus siger, at vi arver vores talenter fra os selv, så at sige, og at vi ikke får nogen talenter gratis gennem arv. Når vi er født hos forældre med en vis lighed i talentmasse, skyldes dette loven for tiltrækning. Via vores vibrationer og bølgelængder tiltrækkes vi til forældre med en bestemt lighed i talenter.

Evnen til at udføre en bestemt opgave er nedlagt i vores skæbneelement. Dette er som en memory chip, der indeholder oplysninger om, hvordan en bestemt opgave udføres. Vi ved, at det virker sådan, for hver gang vi igen går i gang med at øve noget bestemt, så befinder vi os på det niveau, vi nåede, sidste gang vi øvede. Vi behøver ikke at starte helt fra bunden hver gang. Der er et sted, hvor viden om, hvordan man udfører aktiviteten, er gemt. Martinus kalder som nævnt dette sted en talentkerne. Vores talentkerner ledsager os igennem hele livet, og fordi de er gemt i skæbneelementet, ledsager de os også ud over døden. Vi tager vores talentkerner sammen med alle de lagrede oplysninger om, hvordan en bestemt aktivitet udføres, med os ind i vores næste inkarnation.

Rigtigheden i ovenstående påstand er let at fastslå, for i dag er mange højst talentfulde børn blevet filmet og kan ses på f.eks. YouTube. Vi har samlet nogle eksempler med links til de videoklip, hvor børnene udfolder deres talenter, kan ses.

Geniale musikudøvere

Amira Willighagen

Amira blev født den 27. marts 2004. I 2013, i en alder af 9, vandt hun den sjette sæson af Holland's Got Talent.

Amira imponerede dommerpanelet med sin version af "O mio babbino caro" fra Puccinis opera Gianni Schicchi. I løbet af få sekunder stirrede dommerne i ærefrygt og vantro. En af dommerne kaldte hende straks en gammel sjæl. Hendes optræden blev hurtigt et YouTube hit med over 36 millioner visninger fra juni 2015. Hun vandt konkurrencen med over 50% af seernes stemmer.

Hun havde aldrig fået nogen sangundervisning, men alligevel synger hun som en diva. Interessant nok valgte hun en af Maria Callas´ 'signatur´ arier: O mio babbino caro 'og hendes stemme er lige så stor som Callas'. Det er selvfølgelig ikke muligt at sige, om hun er Callas, der er reinkarneret, men hun er bestemt en stor sopran. Hendes sangtalent er så fantastisk, at det ikke kunne have været udviklet i løbet af de 9 år, hun levede inden sin debut. Det er en klar indikation af reinkarnation.

Følgende link er til hendes optræden i " Holland´s got talent.

https://www.youtube.com/watch?v=qDqTBIKU4CE

114

Venligst klik på linket og se selv. Det er så stærk en præstation, at den giver gåsehud.

Og her er linket til Maria Callas, der synger samme arie.

https://www.youtube.com/watch?v=s6bSrGbak1g

Tsung Tsung

Denne dreng fra Hong Kong er klavervirtuos. Han begyndte at spille klaver, da han var 3 år gammel og han var kun fire år, da han optrådte med de to musikstykker på linket.

https://www.youtube.com/watch?v=omuYi2Vhgjo

Her spiller han Rimsky Korsakov´s meget vanskelige ´Bumlebiens flugt, kun fem år gammel.

https://www.youtube.com/watch?v=8snJ4zRhQ9g

Tsung Tung´s talent er så stort, at han blev inviteret til at spille på et Ellen DeGeneres show.

Martinus siger at det typisk tager 3-4 inkarnationer med daglig øvelse at nå dette perfektionsniveau på klaver. Det er ikke noget man ´bare´ lærer og absolut ikke noget, man fødes med uden at have øvet sig før. Og det er ikke noget, der kan findes i et gen.

Indisk dreng

Her har vi en helt imponerende optræden af en meget talentfuld indisk dreng.

https://www.youtube.com/watch?v=rsTUVk1y6Zl

Geniale malere

Kieron Williamson

Kieron blev født i 2002 i Det Forenede Kongerige (UK). Han begyndte at male, da han var fem år gammel. Det viste sig snart, at han havde et ekstraordinært talent for maleri. I 2009 havde han sin første offentlige udstilling på et lille galleri i Holt, Norfolk, Storbritannien. Udstillingen blev totalt udsolgt, ligesom alle hans senere udstillinger. Hans værker blev hurtigt til samlerobjekter, og som en raket røg han ind i verdens spotlight. Hans arbejde er blevet sammenlignet med Monets og han har fået navnet Mini Monet. Men hans store idol er Edward Seago, og hans arbejde har en markant lighed med Seagos. I en alder af ti havde han allerede tjent 1,5 millioner pund på sine malerier.

Læs mere om Kieron og se noget af hans fantastiske arbejde her:

http://www.kieronwilliamson.com/

Halmballer og sejl, af Kieron Williamson, 2016, da han var 14 år gammel

Arkiane Kramarik

Arkiane blev født i 1994 i Illinois, USA. Hun begyndte at tegne, da hun var 4 år gammel, og hun var helt selvlært. Hendes ekstraordinære talent for at tegne blev snart tydeligt for omverdenen, og da hun var ti år gammel optrådte hun på the Oprah Winfrey show. Da hun var 12, havde hun færdiggjort 60 store malerier.

Det følgende klip er en kort introduktionsvideo om Arkiane:

https://www.youtube.com/watch?v=8_hr-a-VfSw

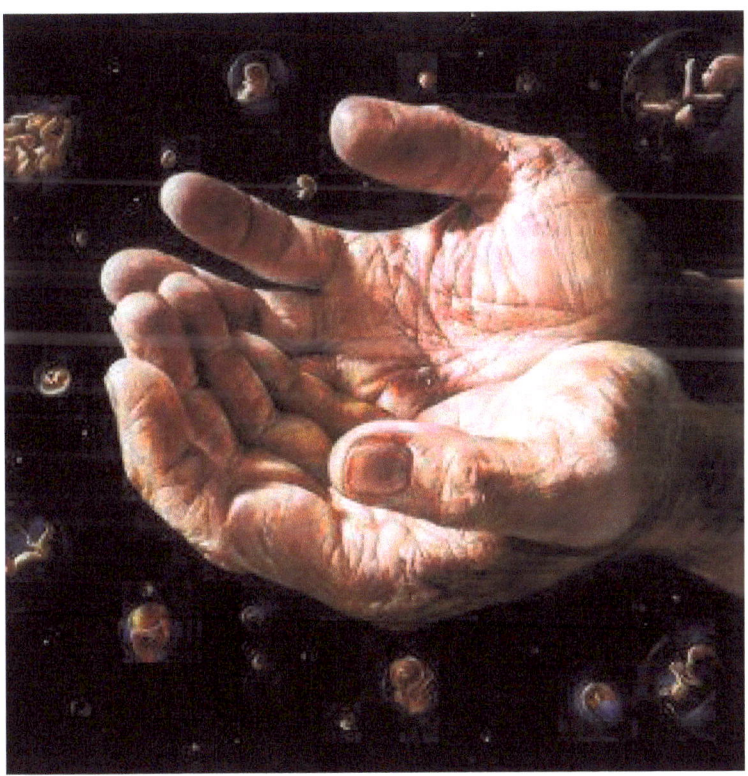

`Kærlighed´ malet af Arkiane da hun var 13

Her kan man se en længere video om Arkiana:

https://www.youtube.com/watch?v=4VEs6MfkFzo

På hendes website kan man se noget af hendes arbejde.

https://akiane.com/

Arkiane har et ekstremt talent, som hun simpelt hen ikke kunne have udviklet i dette liv. Hun er også meget spirituel, og hun har en meget tæt forbindelse til det guddommelige plan. Hun har i sandhed så stort et talent, at enhver anden forklaring end reinkarnation er usandsynlig.

De mest talentfulde børn i verden

I dag er det ikke så usædvanligt at være et vidunderbarn. Det skyldes det faktum, at en masse meget begavede væsener med en stor mængde talenter i deres skæbneelement reinkarnerer her på Jorden lige nu. Grunden til at de har så mange talenter er, at de har levet mange inkarnationer og har akkumuleret og raffineret en række færdigheder i deres tidligere liv. Deres intelligens er så høj, at nogle af børnene blev optaget hos Mensa i en alder af 3. Nogle kunne læse i en alder af 2 og lærte sig fremmedsprog fra deres iPad. Nogle kunne løse matematiske problemer, før de var blevet undervist i skolen, og nogle afsluttede deres doktorgrad i en alder af 15 år.

Det er indlysende, at disse meget begavede børn kommer ind i denne verden med en bagage fuld af viden, og der er kun ét sted de kunne have lært det: i tidligere liv. Det er umuligt at forklare det yderst høje niveau af talenter, viden og indsigt, som disse børn har uden at tage hensyn til reinkarnation.

Eksistensen af disse højst talentfulde børn er faktisk en afspejling af, hvor langt vi er kommet i vores udvikling. Når flere og flere mennesker på planeten udviser ekstraordinære talenter, afspejler det, hvor langt vi har udviklet os. Dette tyder godt for planetens fremtid, fordi når disse begavede børn begynder at bidrage til vores samfund, så kommer vi alle til at nyde godt af det.

' Vi skal se på vores evolutionære vej i næste kapitel. Men før vi gør det, bedes du se den følgende video og blive introduceret til disse vidunderbørn:

https://www.youtube.com/watch?v=9GkYELp69us

Berømte tilfælde af reinkarnation

Vi kan også finde berømte eksempler på reinkarnation hvis vi kigger tilbage i tiden. Vi har fundet tre meget kendte mennesker, hvis talenter var så ekstraordinære og så ude af trit med deres samtid, at det er klart, at de var meget højt udviklede væsener, der var reinkarneret tilbage til en tid, der lå under deres egentlige udviklingsniveau. De var således hoppet tilbage til fortiden. De gik tilbage i tiden i forhold til deres egentlige hjemstavn, og de gjorde det for at undervise, være gode eksempler og underholde. Når man hopper tilbage til fortiden, kommer man ikke fra denne planet. Så har man udviklet sine færdigheder på en anden planet, der ligner Jorden. Dem er der utallige af i universet, for det vrimler med liv. Når man sådan skifter planet, er det fordi man af de vise på det åndelige plan bliver bedt om at tage ned og undervise, underholde eller vejlede.

William Shakespeare kaldes ofte Englands nationale digter. Hans store værk består af 39 skuespil, 154 sonetter samt andre mindre tekster. Hans skuespil er blevet oversat til stort set alle verdens sprog, og de er blevet opført mere end nogen anden skuespilforfatters værker.

Shakespeare blev født i 1564 i England hos kultiverede og velhavende forældre, men hans baggrund forklarer ikke, hvordan han kunne mestre det engelske sprog, som han gjorde. Han har det største ordforråd på engelsk, der nogensinde er blevet registreret, og hans viden om åndelige aspekter er meget tydelig i hans skuespil. Med hensyn til visdom og psykologiske aspekter hos karaktererne i hans skuespil stod han langt over tidens norm. Hans skuespil afslører en kilde af visdom, som han ikke kunne have opnået ved at gå i skole i det 16. århundrede.

Han kom ind i denne verden med en enorm bagage af indsigt fra tidligere liv, og på grund af de universelle sandheder, han afslører, er hans værk det mest citerede af alle i engelsk litteratur, og det har overlevet tidens gang i så stort et omfang, at det forekommer som et udødeligt værk. De aspekter af menneskelig tåbelighed, der åbenbares i hans arbejde, er så universelle, at de fleste mennesker vil nikke genkendende, og hans beherskelse af sproget er sådan, at ingen har overgået det i dag. Shakespeare er en gammel sjæl, der kom ned til det fysiske plan for at underholde, more og frem for alt undervise.

Wolfgang Amadeus Mozart komponerede et meget stort antal musikværker i sit korte liv. Han døde i en alder af 35 år. Det har været et mysterium for eftertiden, hvordan han kunne komponere så mange værker på så relativt få år.

Mozart blev født i 1756, og han komponerede sine første musikstykker, da han var 4 eller 5. Han var et ´vidunderbarn´ og kunne spille særdeles godt på klaver, da han var 4. Hans far, der selv var musiker, kunne hurtigt se Wolfgangs ekstraordinære talent og hjalp ham med at nedskrive hans tidligste kompositioner. I alt komponerede Mozart mere end 600 værker, hvoraf mange er anerkendt som højdepunkter indenfor symfoni-, kammer-, opera- og kormusik. Han er blandt de mest populære klassiske komponister, og hans indflydelse på eftertidens musik har været og er fortsat enorm.

Selvom Mozarts far også var musiker og komponist, var Mozarts talent så stort, at hans far hurtigt erkendte, at hans søns talent langt oversteg hans eget, og da han så de værker, som hans søn producerede, holdt han helt op med selv at komponere.

Ifølge Martinus arver vi ikke vores talenter fra vores forældre, men vi har dem, fordi vi har arbejdet hårdt for at få dem gennem øvelse i tidligere liv. Det er gennem loven for tiltrækning, at vi bliver født hos forældre, der har en talentmasse, der til en vis grad passer til vores egen. Mozart blev født i en musikalsk familie, men hans ekstraordinære talent for at komponere musik er hans egen fortjeneste. Det kræver flere inkarnationers øvelse at nå det perfektionsniveau, som Mozart fremviste. Han var en gammel sjæl, der kom ned til det fysiske plan for at berige dette eksistensniveau med sin vidunderlige musik. Og han kom også for at give os noget at tænke på, for hvem har ikke undret sig over, hvorfra han fik sit talent, hvis vi kun lever én gang? De, der tror fast på étlivs-teorien, er hårdt presset for at komme op med en forklaring på Mozarts ekstraordinære talent.

Hans Christian Andersen er en dansk digter og eventyrfortæller. Han blev født i 1805 hos fattige forældre. Hans far var skomager og hans mor var analfabet. På trods af sin ydmyge baggrund blev Andersen en af verdens mest berømte forfattere. Han er bedst kendt for sine eventyr, der er blevet oversat til mere end 125 sprog. Selv i dag (2019) 214 år efter hans fødsel er han verdens mest oversatte og en af de mest elskede forfattere. Han skrev 3381 værker, som omfatter skuespil, rejsebeskrivelser, romaner og digte. Hans mest berømte eventyr omfatter: "Kejserens nye klæder", "Den lille havfrue", "Nattergalen", "Snedronningen", "Den grimme ælling", "Den lille pige med svovlstikkerne" og "Tommelise". Hans eventyr er så kendte og elskede, at de fleste børn kender dem, og de er blevet kulturelt indlejret i Vestens kollektive bevidsthed.

Hvordan kan en mand, hvis far ikke havde nogen litterær baggrund, og hvis mor var analfabet, have gener, der kunne forklare hvordan deres søn var i stand til at skrive det kæmpestore værk, som han producerede, hvis han ikke var en højt udviklet ånd, der var reinkarneret? Hvor i det genetiske materiale ville vi kunne finde de evner, der gjorde det muligt for ham at tryllebinde en hel verden med sine skrifter?

Andre eksempler på mænd og kvinder, hvis evner stod over deres samtids generelle vidensniveau kunne være: Leonardo Da Vinci, Johannes Vermeer, Jeanne d'Arc, Kristoffer Columbus, Hildegard von Bingen, Santa Teresa de Jesus (af Ávila), Jesus Kristus, Buddha, Martinus og mange flere.

Ting at tænke over fra Maria

Ang.: Beviser og vidunderbørn

Jeg synes, at Elses eksempler her taler for sig selv. Hvis du er interesseret i bevismaterialet, så vil jeg anbefale, at du læser nogle af de bøger, der er nævnt. Med hensyn til vidunderbørn, så er eksemplerne helt vidunderlige og jeg vil insistere på, at du checker de links, der er givet. Som jeg ser det, kan der ikke være nogen som helst anden forklaring på de mange talenter end reinkarnation. Vi kan simpelthen ikke fødes med så fantastiske evner, hvis vi ikke har øvet og perfektioneret disse egenskaber i tidligere liv og taget dem med os ind i dette liv.

7. Den store plan

Vi har præsenteret argumenterne for reinkarnation i de foregående kapitler. Reinkarnation er meget mere end en trossag, og det synes logisk at konkludere, at det er en kendsgerning, for det forklarer mange gåder såsom: Hvad er det konstante element i vores krop, hvor kommer vores talenter fra, hvor kommer vores fobier og angst fra, hvor kommer vores karaktertræk eller tendenser fra, og hvad kan vi nænne at gøre mod andre osv. Reinkarnation forklarer også, hvordan en ny krop kan opstå ud fra to kønsceller, hvorfor døden er en illusion og hvorfor der ingen grund er til at være bange for at passere over til det åndelige plan. Men eftersom reinkarnation ser ud til at være et faktum, hvad går det hele så ud på? Hvorfor er vi her? Er der en grund til vores eksistens? Er der en plan?

Ja, det er der! Denne plan er blevet afsløret af Martinus, og det er første gang i menneskets historie, at en sådan hovedplan er blevet afsløret. Det er en storslået plan, som er meget større end nogen havde forestillet sig. Den er storslået, fordi den afslører, at vi er evige væsener, der lever i et evigt univers. Evigheden er meget lang tid, faktisk så lang en tid, at tiden selv mister sin betydning. Evigheden har ingen begyndelse og ingen afslutning. Hvis den havde det, ville den ikke være evig. Evighed betyder en uendelig eksistens. Vores eksistens som evige væsener har heller ingen begyndelse og ingen ende. Vi holder aldrig op med at være i live.

En evig eksistens skal fyldes med noget. For at en evig eksistens skal give mening, skal der være noget, vi kan gøre og opleve. Hvis vi ikke oplevede forskellige ting, så ville vi kede os. For at udfylde vores evige eksistens med ting at opleve er vores liv organiseret på den mest strålende måde: Vi bevæger os i cirkler og spiraler gennem evigheden.

En cyklisk passage, som vil blive præsenteret lige om lidt, tager millioner af liv til at fuldføre. Når vi har afsluttet en cyklisk passage, bevæger vi os et trin op af spiralen til en ny cyklus på et højere niveau. Rundt og rundt og op og op går det. Før vi ser på en cyklisk passage, skal vi først lige undersøge det princip, som er grundlæggende for al sansning og oplevelse: kontrastprincippet.

Kontrastprincippet

Oplevelsen af kontrast er af afgørende betydning for vores evige evne til at sanse og opleve. Hvis vi altid oplevede det samme, ville vi ikke bare kede os, men vi ville til sidst miste vores evne til at sanse og opleve. Hvis vi levede for evigt i et hvidt rum med hvide møbler og hvide malerier, ville vi opleve et totalt ´whiteout´, vores sanser ville blive sløvet for til sidst helt at ophøre med at virke. Dermed ville livet gradvist ophøre med at have mening. Vi kan ikke for evigt opleve det samme uden at oplevelsen ville miste sin mening.

For at universet kan eksistere evigt, skal det have været skabt på en måde, der kan garantere en evig eksistens. Hvis der kun var lys, måtte universet ophøre, når alle levende væsener havde oplevet lyset til fulde. Når de alle var fuldstændig mættede af lyset og aldrig havde set noget andet, ville deres livsoplevelse ophøre. Så ville der ikke være mere at opleve, og så var det det.

Af den grund skal der også være mørke. Vi har brug for kontrasten til lyset for at holde vores sanser i live, for at opdatere og forny vores evne til at opleve, for at kunne opleve nye ting og forny vores bevidsthed. Uden kontrast kan der ikke være nogen evig eksistens. Ikke for os og ikke for universet. Universet er skabt på en så genial måde, at det indeholder kontraster, således at de levende væsener evigt kan have nye ting at opleve. For at der skal være en evig evne til at sanse vi har brug for kontrasterne sort og hvid, god og dårlig, smuk og grim, rig og fattig, kærlighed og had osv. Vi har brug for hele spektret af muligheder, farver og følelser for at kunne opleve livet evigt.

Når vi bevæger os gennem evigheden, bevæger vi os i cirkler eller cyklusser. Vi skal nu se på en sådan cyklisk passage, den vi alle lever i lige nu. Gennemlevelsen af en sådan cyklus tager millioner og atter millioner af år. I en cyklisk passage oplever vi både lys og mørke, ligesom vi gør det i døgncyklussen og årtidscyklussen. Disse ´små´

cyklusser illustrerer for os HVER DAG hvordan kontrastprincippet udfolder sig. Efter nattens mørke er vi glade for at lyset kommer tilbage og efter middagstimens lys og varme er vi glade for aftenens kølighed og dunkelhed. Vi ved på vores egen krop, hvor behageligt det er, at der er kontraster. Da vi hver dag er vidne til kontrastprincippets udfoldelse, kan det ikke komme som nogen overraskelse, at dette princip også opererer på et højere plan. Også der, er kontrastprincippet alfa og omega for vores livsoplevelse. Så i den store passage, som vi skal se på nu, er der også kontrast. Under vores passage af cyklussen er der en periode, hvor væsnerne lever i lyset og en periode, hvor de lever i mørket. På denne måde oplever de kontrast i løbet af en cyklus. Da alle cykliske passager har det samme kontrastprincip via oplevelsen af lys og mørke, er universets evige eksistens sikret. Universets evige eksistens er sikret, fordi der altid vil være noget nyt at opleve for de levende væsner, som universet består af. På den måde kan oplevelsesevnen evigt blive fornyet og der kan aldrig blive hverken totalt ´whiteout´ eller totalt ´blackout´. Når vi er mætte af lyset, kan vi opleve mørket, og når vi er mætte af mørket, kan vi opleve lyset.

I den store cyklus, som er fremstillet symbolsk på symbol nr. 22, er det sådan, at lyset bliver oplevet i den åndelige verden, og mørket bliver oplevet i den fysiske verden. Den åndelige verden er karakteriseret ved lys, lykke og kærlighed. I den åndelige verden lever vi i sand salighed og lyksalighed. Men fordi denne lysets verden eksisterer, skal der også være et sted, hvor vi kan opleve kontrasten til alt dette lys, til al denne lykke og alkærlighed. Det sted, hvor mørket kan opleves, er den fysiske verden.

Det betyder, at den fysiske verdens eksistensberettigelse er, at den skal udgøre et sted, hvor kontrast til den åndelige verden kan opleves. Eftersom den åndelige verden er karakteriseret ved lys, salighed og kærlighed, skal dens kontrast være en verden præget af mørke, lidelse og mangel på kærlighed. Når vi er mætte af lyset trænger vi til at opleve mørket, og så er det, at vi træder ind på det fysiske plan i fysiske kroppe. Det er i den fysiske verden på en fysisk planet, at vi oplever kontrasten til lyset: mørket. Som vi skal se på symbolet passerer vi lige nu gennem dette mørke, som er præget af krige, terror, egoisme, hævn, griskhed, misundelse, had, mord og mangel på kærlighed. På et tidspunkt vil dette mørke nå sin kulmination og så er livet ikke altid lige sjovt at leve. Vi passerer mørket lige nu men kulminationen af dette mørke var sandsynligvis i det sidste århundrede med to verdenskrige og utallige mindre krige. Og vi er ikke ude af den mørke jungle endnu, men vi er på vej. Dette mørke vil falme, og lyset begynder allerede at dæmre. En lys fremtid venter os alle.

Lidelsen

Når vi passerer mørket, oplever vi en masse lidelse. Det er et stort mysterium for menneskene, hvorfor lidelsen eksisterer. Men det gør den, for at vi kan opleve kontrasten til lyset. Uden mørkeoplevelse, ingen lysoplevelse. Vi kan kun opleve lige så meget lys, som vi har oplevet mørke. Hele skæbneproblematikken vil blive temaet for vores næste bog i Nøddeskals serien: Skæbne og karma i en Nøddeskal.

Uden at hver enkelt menneske oplever lidelsen, kan dette væsen ikke opleve lyset og lykken. Martinus er den eneste, der har forklaret mørkets og lidelsens mission. Og mørket er ikke en straf fra en vred og hævnende Gud, men ´blot´ en nødvendig forudsætning for at vores evige evne til at opleve kan vedligeholdes via kontrastprincippet.

Og ligesom vores tanker går forud for enhver menneskelig opfindelse og skabelse (som nævnt i kapitel 2) er den fysiske verden skabt på basis af tanker fra det højeste væsen, eller Gud, som et sted hvor mørket kan opleves af de levende væsner. Den fysiske verden er Guds materialiserede tanker, helt på samme måde, som f.eks. en stol er menneskers materialiserede tanker. Alt i den fysiske verden, både i det store og i det små, er materialiserede tanker. Og som sagt, er den fysiske verdens mission at udgøre et sted, hvor de evige væsner kan opleve mørke og lidelse.

I denne forbindelse er det vigtigt at understrege, at ingen gennemlever mere lidelse end nogen anden. Vi må alle gennemgå den samme mængde lidelse. Ingen slipper lettere end andre. Vi må alle gennemgå det samme for at blive det samme: et ægte, færdigt menneske eller mennesket i Guds billede efter hans lignelse. Men denne lighed i mængden af lidelse kan man jo ikke se, hvis man ser på livet i et étlivs perspektiv. Så ser det hele uretfærdigt, ulogisk og ukærligt ud. Men det er det ikke, for mørket er i virkeligheden kamufleret kærlighed, for uden mørket, intet lys og uden kontrasten af lys og mørke, intet evigt verdensalt. Universets grundtone er kærlighed.

Hvis vi ser på verden som den er i dag, ser vi mange forskellige skæbner, og vi synes, at livet er meget uretfærdigt, fordi én person lever i lykke og en anden i elendighed. Men det er bare et øjebliksbillede. Set i det større perspektiv bliver alle skæbner udjævnet og ingen kan forstå sin skæbne set i et étlivsperspektiv. Hvis vi lever i lykke i dette liv, betyder det nok, at vi har lidt meget i tidligere inkarnationer. Der er intet, der sker tilfældigt og universet styres af den strengeste retfærdighed.

Men lad os nu se på vores nuværende cykliske passage eller symbol nr. 22.

Illustration af en cyklisk passage
I et af sine symboler, nærmere betegnet symbol nr. 22, har Martinus illustreret en cyklisk passage. Symbolet hedder "Den evige kosmiske, organiske forbindelse mellem Gud og gudesøn 2".

Symbolet illustrerer to hovedaspekter:
1. Som titlen antyder, er der en evig forbindelse mellem Gud og os, Guds sønner (og døtre).
2. Symbolet illustrerer en kosmisk cyklisk passage.

Når vi ser på symbolet, ser vi, at cirklen, som illustrerer en cyklisk passage, er opdelt i 6 farvede sektioner. De seks farver symboliserer forskellige grundenergier med deres tilsvarende riger. I hvert af rigerne er en bestemt grundenergi den dominerende. For at fuldføre en cyklus må vi passere gennem hvert eneste rige:

Den røde del (instinktenergien) symboliserer planteriget
Den orange del (tyngdeenergien) symboliserer dyreriget
Den gule del (følelsesenergien) symboliserer det rigtige menneskerige
Den grønne del (intelligensenergien) symboliserer visdomsriget
Den blå del (intuitionsenergien) symboliserer den guddommelige verden
Den indigofarvede del (hukommelses- eller salighedsenergien) symboliserer saligheds- eller hukommelsesriget

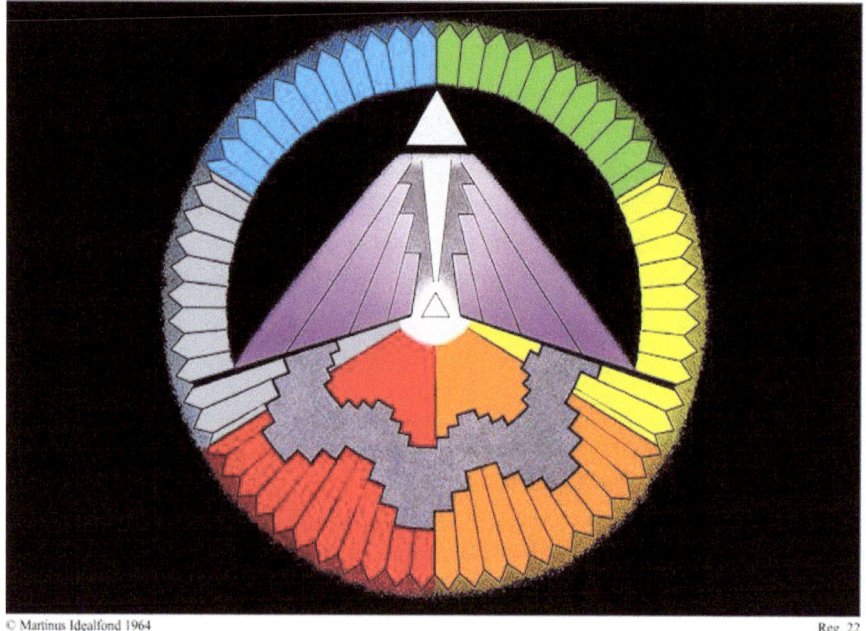

© Martinus Idealfond 1964   Reg. 22

Symbol nr. 22: Den evige kosmiske, organiske forbindelse mellem Gud og gudesøn 2

Resumé af forklaring til symbol 22 - Den evige kosmiske, organiske forbindelse mellem Gud og gudesøn 2 *(obligatorisk officiel forklaring fra Martinus Institut)*

DETTE SYMBOL SYMBOLISERER DET ENKELTE LEVENDE VÆSENS KOSMISKE FORBINDELSE MED GUDDOMMEN. MARTINUS

BESKRIVER, HVORDAN DER PÅ DET ÅNDELIGE PLAN FINDES ET RIGE AF FÆRDIGUDVIKLEDE VÆSENER, SOM UDGØR GUDDOMMENS PRIMÆRE BEVIDSTHEDSORGANER. DISSE OVERJORDISKE VÆSENER UDGØR EN KOSMISK STYRELSE, DER BEFORDRER VERDENSGENLØSNINGEN. DET ER IGENNEM DENNE STYRELSES VÆSENER, AT GUD OPFATTER DE LEVENDE VÆSENERS BØNNER OG LIGELEDES IGENNEM DISSE VÆSENER, AT HAN SVARER PÅ DISSE BØNNER.

CENTRALE DETALJER I SYMBOLET:

- DEN HVIDE OG VIOLETTE PYRAMIDEFORMEDE FIGUR SYMBOLISERER DEN KOSMISKE FORBINDELSES ORGANISKE STRUKTUR MELLEM HVERT ENKELT VÆSEN OG GUDDOMMEN.
- DEN STORE TREKANT FOROVEN SYMBOLISERER GUDDOMMENS JEG.
- TREKANTEN I MIDTEN SYMBOLISERER GUDESØNNENS JEG. DE HERTIL KNYTTEDE FARVEFELTER SYMBOLISERER GUDESØNNENS FYSISKE LEGEME, MED HVILKET HAN OPLEVER DEN FYSISKE VERDEN.
DE TO MØRKE TVÆRSTRIBER DELER SYMBOLET I TO DELE:
- DEN ØVERSTE DEL UDGØR DEN ÅNDELIGE VERDEN.
- DEN NEDERSTE DEL SYMBOLISERER DET ENKELTE UFÆRDIGE MENNESKE OMGIVET AF DEN FYSISKE VERDEN BESTÅENDE AF MINERALRIGET (INDIGOFARVET), PLANTERIGET (RØD FARVE), DYRERIGET (ORANGE FARVE) OG DET KOMMENDE RIGTIGE MENNESKERIGE I FYSISK TILSTAND (GUL FARVE).
- I DEN NEDERSTE DEL SYMBOLISERER DYRERIGET DE UFÆRDIGE JORDMENNESKER I OMRÅDET FRA DE KORTE ORANGEFARVEDE STRÅLEFIGURER OG FREM TIL DE GULE STRÅLEFIGURER.
  - DE TO MINDSTE STRÅLEFIGURER SYMBOLISERER DE MEGET PRIMITIVE TIDLIGE MENNESKELIGE STADIER — STADIER, SOM NÆSTEN ER MERE ABESTADIER END MENNESKESTADIER, OG SOM IKKE LÆNGERE EKSISTERER PÅ JORDEN.
  - NÆSTE STRÅLEFIGUR SYMBOLISERER VORES NUTIDIGE NATURMENNESKESTADIER, DER OGSÅ SNART VIL VÆRE FORBI PÅ JORDKLODEN.

- NÆSTSIDSTE STRÅLEFIGUR, FØR DE GULE STRÅLEFIGURER, SYMBOLISERER KULTURMENNESKENE. DISSE ER GENIER I AT SKABE I DEN FYSISKE MATERIE.
- DEN HALVT ORANGEFARVEDE OG HALVT GULFARVEDE FIGUR SYMBOLISERER VÆSENER, SOM HAR EN FREMRAGENDE HUMAN EVNE. DE ER HELT NATURLIGT VEGETARER, DE UNDGÅR HELST AL STRID OG TILGIVER MEGET GERNE DERES FJENDER. DE BEGYNDER AT ANE, AT DER MÅ VÆRE EN GUDDOMMELIG PLAN, EN KÆRLIG MENING MED LIVET. DE VENDER OGSÅ TILBAGE TIL AT BEDE TIL GUD OG OPDAGER BØNNENS KRAFT.

Lad os først se på det aspekt af symbolet, der forklarer den evige forbindelse mellem Gud og os, Guds sønner.

På symbolet ser man en hvid trekant i midten af cirklen. Denne trekant repræsenterer os, de levende væsener. Lidt højere oppe er der en noget større hvid trekant. Den repræsenterer Gud.

Den violette pyramide, der udgår fra Gud, repræsenterer den evige forbindelse mellem Gud og Guds sønner, os. Denne forbindelse har moderenergiens farve (violet), og den kan aldrig brydes. Den er der altid, lige meget om vi er langt ude og bundulykkelige, eller vi er glade og taknemmelige. Forbindelsen er der, lige meget om vi føler os forladte eller forkastede af Gud, eller vi føler os båret gennem livet på Guds hænder. Forbindelsen kan aldrig brydes. Vi er aldrig glemt eller afvist af Gud, uanset hvor dårligt vi har opført os, eller hvor meget vi har ´syndet´. Gud er der altid for os, men nok på en anden måde end de fleste af os forestiller os.

Mange tror, at Gud er død, og at vi alligevel ikke har brug for "ham", fordi vi har videnskaben. Videnskaben skal nok give os svar på det hele og forklare livsmysteriet for os. Men det er at kræve for meget af vores jordiske videnskab. Den kan kun studere det fysiske plan og fysisk materie, så den er simpelthen ikke rustet til at give os en forklaring på livsmysteriet. Men vores videnskab er vigtig, fordi den finder svar på en masse problemer og kommer med nye opdagelser og opfindelser, der gør livet på det fysiske plan meget lettere.

Når vi udvikler os, vokser vores intelligens på bekostning af vores instinkt. Vores evne til at tro på religionerne er tæt knyttet til vores instinkt. Efterhånden som vores instinkt taber terræn, er vi ikke længere i stand til at tro på religionernes dogmer. Religionerne beder os bare om at tro uden at præsentere en logisk basis for denne tro. Da religionerne ikke er udformet til at være logiske, er der mange der forlader dem, og det sker over hele kloden, hvor alle de tomme pladser i kirkerne vidner om, at folk ikke længere kan tro. De har brug for logiske forklaringer, fordi det er, hvad deres voksende intellekt kræver. Fordi de fleste mennesker tror, at Gud er tæt forbundet med religionerne, bliver de ateister og gudløse. De tror, at de kun kan have Gud sammen med religionerne. Men sådan er det ikke. Gud er højt hævet over alle religioner. ´Han´ ved, at ateiststadiet er et naturligt skridt i vores udvikling, så når vi erklærer, at Gud er død, er det absolut ikke noget, der generer ´ham´. Han ved, at det kun er et stadium, og at den evige forbindelse mellem Gud og Guds sønner ikke kan brydes.

Symbolet illustrerer denne forbindelse.

På symbolet kan vi også se, at to sorte linjer skærer cirklen over i to. Den del, der ligger under de sorte linjer, symboliserer den fysiske verden, hvor vi oplever mørke i form af lidelse, elendighed, ulykkelige skæbner, smerte, sorg, krig, ulykke, blodsudgydelse, uro, slaveri, terrorisme, sult og hungersnød, fattigdom, og alt det, der er i modsætning til fred og kærlighed. Den del, der ligger over de to sorte linjer repræsenterer den åndelige verden. Den åndelige verden er stedet, hvor vi oplever lys, lyksalighed, lykke, harmoni, alkærlighed og alt det, der er i kontrast til mørket. I den åndelige verden, lever vi i vores åndelige krop, og i den fysiske verden har vi en fysisk krop ud over vores åndelige krop. Vi har altid vores åndelige krop. Vi ER vores åndelige krop, som forklaret i kapitel 2.

Vi kan se, at den del af cyklussen, der ligger over de to sorte linjer, er større end den nederste del. Det betyder, at vi, i løbet af en cyklus, der tager millioner af år at gennemrejse, lever omkring 40% af tiden i den fysiske verden (med pauser ind i mellem, hvor vi vender tilbage til den åndelige verden for et kort hvil mellem inkarnationer som forklaret i kapitel 4) og 60% i den åndelige verden.

Hver eneste af os er på vej igennem en sådan cyklisk passage. Vi står alle et eller andet sted på denne rejse. Symbolet viser vores personlige rejse. Når vi rejser gennem cyklen, bevæger vi os mod uret.

I den fysiske verden, den del der ligger under de to sorte linjer, lever vi i den indigofarvede del (mineralriget) i en relativt kort tid, derefter i lang tid i den røde del (planteriget) og lige så lang tid i dyreriget (orange del). Endelig lever vi i endnu en relativt kort tid i den gule del (det rigtige menneskerige).

Men uanset hvor i cirklen vi er, er vores forbindelse til Gud konstant og uafbrudt. Det grå bånd varierer i form, alt efter længden på de spidse figurer, og længden på de spidse figurer illustrerer forskellige stadier af vores udvikling og også forskellige skæbner. Men som allerede nævnt, uanset om vores skæbne er lys og glad eller mørk og elendig, er vi aldrig glemt eller afvist af Gud. Vi tror måske, at vi er det, når vi ligger nøgne, sultende og frysende i mudderet, men det er vi ikke. Gud er også hos os, når vi oplever elendige og mørke skæbner, fordi disse ubehagelige skæbner er nødvendige for vores udvikling og vores kontrastoplevelse.

Som nævnt skal vi have kontrasterende oplevelser for at kunne opleve evigt. Vi kan ikke evigt opleve lys. Vi har brug for kontrasten til lyset. Det er lige så vigtigt at opleve mørket i form af ulykkelige og elendige skæbner, som det er at opleve lyset. Det ene kan ikke eksistere uden det andet. Og vi skal gennemleve begge for at leve evigt. Hvis vi kun levede i lyset, ville vi ikke være i stand til at leve evigt, for der ville ikke være noget at opleve, når vi var blevet helt mættede af lyset. Som nævnt ville et evigt liv i lyset være meningsløst, for når vi havde oplevet lyset fuldt ud, ville der ikke længere være noget for os at opleve. Vi ville så bare leve i et tomrum uden noget at kunne sanse.

Martinus forklarer, at universets grundtone er kærlighed. Vi lever i et fuldstændigt kærligt univers, hvor der ikke findes noget ondt. Men der skal være både mørke og lys. Både mørket og lyset er lige nødvendige. Vi kan ikke have det ene uden det andet. Både mørke og lys er gode ting. Således siger Martinus, at vi har 'det behagelige gode' (lyset) og 'det ubehagelige gode' (mørket). Mørket med krig, sult, koncentrationslejre, slaveri osv. er meget ubehageligt at gennemleve, men det er dog et gode, fordi uden det kunne vi ikke opretholde en evig tilværelse.

Men selv under vores passage af den værste del af mørket, hvor der er krige, koncentrationslejre, bombardementer, tortur, hungersnød og total elendighed, er Gud hos os. Han er hos os, fordi han ved, at oplevelsen af disse ulykkelige forhold er uundværlig for vores udvikling, for vores fremskridt gennem cyklussen. Og fordi døden er en illusion, kan vi ikke miste vores liv eller blive evigt udslettet. Når vi passerer over (dør) kommer vi ind i den åndelige verden og lever der et stykke tid i vores åndelig krop, indtil vi er udhvilede og klar til at tage tilbage til det fysiske plan for at komme videre med vores udvikling.

Passagen af den fysiske del af cirklen

Som nævnt kan vi se, at cirklen er skåret over af de to sorte linjer. De sorte linjer symboliserer grænsen mellem de fysiske riger og de åndelige riger. Det betyder, at en passage gennem cyklussen indebærer, at vi i ca. 40% af tiden opholder os i de fysiske riger og i ca. 60% i de åndelige riger. Vi lever mere tid i lyset i den åndelige verden, end vi gør i den fysiske verden.

Denne passage er, hvad hver eneste af os gennemlever. Det er en illustration af vores personlige rejse gennem en lille del af evigheden. Rejsen slutter aldrig, men den her illustrerede passage viser, at vi oplever en uendelig række skæbner under denne rejse. Der er, så at sige, aldrig et kedeligt øjeblik. Men i vores passage af dyreriget (orange del) vil der være smerte og lidelse. Men smerten og lidelsen er begrænset til en sjettedel af rejsen. Resten af rejsen er ren lyksalighed, som vi skal se senere.

Lad os lige gentage, at vi primært er åndelige væsener. Vi har altid vores åndelige krop. Som vi så i kapitlet

'Reinkarnationensprocessen' er det ånden, der skaber den fysiske krop. Når vi er på det fysiske plan i en fysisk krop, har vi også en åndelig krop, for det er den, vi i virkeligheden er. Den fysiske krop er kun et instrument for ånden. Når vi er på det åndelige plan i vores åndelige krop, har vi kasseret vores fysiske krop, men vi er stadig den samme person.

Lad os starte vores passage gennem cyklussen ved den sorte linje til venstre. Denne sorte linje symboliserer tidspunktet, hvor vi forlader det åndelige plan efter at have opholdt os der i æoner af tid. Nu længes vi efter en kontrast til den åndelige verden. Vi er mere eller mindre desperate efter at opleve noget andet end denne perfekte verden med åndelig lyksalighed, lys og kærlighed, så vi er ivrige efter at rejse ned på det fysiske plan for at opleve noget andet. Derfor bliver vi smidt ud af paradis, som dette punkt er blevet udtrykt symbolsk i Det Gamle Testamente.

Den indigofarvede del – mineralriget (hukommelsesenergien)
Vi starter vores ophold på det fysiske plan i mineralmaterie, hvilket er illustreret med indigofarven. Indigo-delen illustrerer salighedsriget, og al reinkarnation i fysisk materie finder sted fra dette rige. Vi kan se, at den største del af dette rige ligger på det åndelige plan. Ved den sorte linje passerer vores ånd grænsen til det fysiske plan og trænger ind i mineralmaterie, men den gør det forsigtigt, og vi har stadig vores bevidsthed på det åndelige plan. Det er, som om vi stikker en tå ned i den fysiske verden og beholder hovedet oppe i skyerne. Vores ophold i mineralmaterie er kun begyndelsen af vores rejse i fysisk materie. Vi har stadig vores bevidsthed i den åndelige verden, og vi kan endnu ikke føle eller fornemme noget på det fysiske plan. Men det er stadig vores forberedelse til vores rigtige indtræden på det fysiske plan.

Vi kan se, at hver farvet sektion er opdelt i spidse figurer. En spids figur repræsenterer en del af vores rejse. Under den sorte linje kan vi se to og en tredjedel spidse figurer i indigo farve. Disse repræsenterer den tid, vi bruger i mineralmaterier - det kan godt være flere hundrede tusinde år.

Den røde del – planteriget (instinktenergien)

Via overgangsstadierne mosser og lav kommer vi ind i planteriget - det røde afsnit. Lav og moser vokser primært på sten og klipper, og de er overgangsstadier mellem mineral- og plantematerien. Vi kan sige, at lav og mos viser de første tegn på, at vi er ved at vågne op i den fysiske verden. Vi har stadig hovedparten af vores bevidsthed på det åndelige plan, men efterhånden flyttes den meget langsomt ned til det fysiske plan. Dette sker lidt efter lidt, i takt med at vi bevæger os gennem planteriget.

Fra lav og moser udvikles vi os gradvist til rigtige planter og lever som planter gennem hele den røde sektion. I det røde afsnit bliver vores opfattelse og sansning af den fysiske verden langsomt vækket og bliver mere og mere virkelig. Planterne kan vagt opfatte den fysiske verden, og de kan reagere på den. De kan mærke varme og kulde, lys og mørke, regn og tørke og de kan lukke deres blomster mod kulde og mørke og åbne dem mod lys og varme. De har en form for bevægelse i deres lemmer og på den måde kan vi se, at de er i live.

De smukkeste skabninger, vi kan se på det fysiske plan, er planternes blomster. Fordi planten stadig har hovedparten af sin dagbevidsthed på det åndelige plan, er den i stand til, i sine blomster, at afspejle aspekter af den skønhed og perfektion, som det åndelige plan rummer. Blomsternes farver, former og duft er så betagende, at bare det at se på dem kan løfte os op til en højere verden. Martinus siger: *Så længe der findes en blomst, kan ideen om en højere verden aldrig udslukkes.* Blomsterne er en hilsen til os fra et højere eksistensplan, og blot det at gå rundt på et sted, hvor der er masser af blomster, kan gøre os i bedre humør og meget opløftede.

I takt med at den udvikler sig, kan planten fornemme mere og mere af det, der foregår omkring den - den kan mærke varme og kulde, regn og vind, lys og mørke, men det har ingen dagbevidst opfattelse af den fysiske verden: den kan ikke se og høre, lugte og smage ... det kan kun ane vagt. Det kan heller ikke føle smerte. Den har stadig den væsentligste del af sin bevidsthed på det åndelige plan, men efterhånden og ganske langsomt flytter dens dagbevidsthed ned på det fysiske plan, ned i dets fysiske legeme. Det er de ydre kræfter fra naturen såsom lys, mørke, regn, tørke, vind, sol og lys, storme, det at blive spist af dyr og mennesker, der vækker planten op til dagsbevidst oplevelse af det fysiske plan. Det betyder, at planten gradvist udvikler sanser, som den kan begynde at opleve den fysiske verden med. Planten har stadig ikke øjne og ører, den har ikke nerver og udviklede følelser, den kan stadig ikke bevæge sig hen over jorden, men disse evner er under udvikling i planten. Vi ser, at planten kan åbne sine blomster, når solen skinner og lukke dem, når det er mørkt og koldt. Således kan den begynde at bevæge sine lemmer. Vi ser også, at planten har en form for blodcirkulation, da den kan absorbere vand fra jorden og cirkulere det til dele af sin krop. Planten har receptorer for lys i sine blade, som gradvist vil udvikle sig til øjne, og i den kødædende plante ses begyndelsen af en fordøjelseskanal, der er under udvikling. Vi ser overgangsstadier mellem plante og dyr i f.eks. søanemonen, der ligner en plante, men har udviklet sig til det punkt, hvor den kan bevæge sig langsomt hen over jorden. Den er ikke helt stationær. Den kan glide hen over havbunden eller endda svømme ved hjælp af sine tentakler. Søanemonen anses for at være et dyr, men den ligner en blomst, og den er et perfekt eksempel på en art, der befinder sig på et stadium mellem en plante og et dyr.

Den orange del – dyreriget og det ufærdige menneskerige (tyngdeenergien)

Når vi kommer ind i den orange sektion, har vi udviklet fuldt færdige fysiske sanser, som vi kan opleve den fysiske verden med via vores dagbevidsthed. Vi har ikke længere nogen del af vores bevidsthed på det åndelige plan, nu er hele bevidstheden trukket ned i den fysiske krop. Vores opfattelsesevne er nu begrænset til den fysiske verden. Når det sker, er vi ikke længere planter, men dyr. Hele vores bevidsthed er nu flyttet ned på det fysiske plan og har helt forladt det åndelige plan. Vi er nu udelukkende bevidste om det fysiske plan og er uvidende om, at det åndelige plan eksisterer.

Den orange del repræsenterer dyreriget og vi, nutidens mennesker, tilhører dette afsnit. I de seks første spidse sektioner er vi rene dyr og i de næste 4 og 2/3 spidse sektioner udvikler vi os fra dyr til mennesker. Vi begynder at gå på vores bagben, vi udvikler fingerfærdighed og behændighed i vores hænder, vores intelligens begynder at røre på sig og langsomt, langsomt udvikler vi os til det menneskelige stadium.

I den orange sektion har den tidligere plante nu udviklet sine fysiske sanser: den kan se, lugte, høre, smage og føle. Dens nervesystem er udviklet i den grad, at den nu kan føle smerte. Langsomt udvikler dyret sin evne til at føle glæde og sorg, lykke og tristhed. Dets sanser skærpes, og det kan lide, når der ikke er nok at spise, og det kan føle smerte, når det bliver dræbt. Dyrets mentalitet domineres af dets selvopholdelsesdrift- eller instinkt. Dette instinkt sørger for dyrets overlevelse over mange liv, og til grund for dette instinkt ligger der egoisme eller selviskhed. For at overleve skal dyret manifestere selviskhed. Hvis det ikke gør det, vil det blive dræbt og ædt. Junglens lov hersker.

De første seks spidse figurer i den orange sektion symboliserer de egentlige dyr. Herefter symboliserer de to korte figurer de første, meget primitive menneskelige stadier, der er mere abeagtige end menneskelige. Den næste figur repræsenterer vores nuværende naturmennesker - folk der bor i jungler eller ørkener uden kontakt til den såkaldte civilisation. Antallet af naturfolk er faldende, da de gradvist bliver absorberet i de samfund, der er befolket af menneskene i den næste spidse figur: kulturmenneskene.

De fleste mennesker i dag tilhører gruppen af kulturmennesker. Det er nøjagtigt på dette sted, at vi befinder os i dag. Vi har nu rejst gennem den største del af den orange sektion, og vi har nået det punkt, hvor vi er blevet ganske udviklede og har skabt kulturelle samfund. Dette afsnit er repræsenteret af den sidste hele orange figur inden den figur, der både er orange og gul. I sektionen for kulturmennesket lever vi i mere eller mindre civiliserede samfund med en udviklet videnskab og en masse materialistisk viden. Vi har love og en vis grad af orden og retfærdighed. Vi har et højt teknologisk niveau, som har hjulpet os på mange måder: i transport, kommunikation, produktion og lignende. Vi har skoler og hospitaler, og vi tager os af hinanden i en vis grad. Vi er meget mindre egoistiske end vi var, da vi var rene dyr og vores overlevelse var afhængig af egoisme. Nu er vi mere humane og villige til at hjælpe hinanden. Egoismen er faldende på bekostning af altruisme og empati.

Så på mange måder har vores mentalitet udviklet sig væk fra dyrets. For hvert liv vi lever, bliver vi mere og mere menneskelige og humane. Gennem vores lidelser har vi udviklet vores evne til at føle medfølelse og næstekærlighed, og gradvist bevæger vi os væk fra junglementaliteten, som er præget af egoisme og selvopholdelse. Jo mere humane vi bliver, jo mere er vi ved at forlade dyreriget. Vi er på den sidste strækning i dyreriget, og vi vil snart forlade det helt, men vi er ikke helt fremme endnu. Vi er først fremme, når vi når til det gule afsnit.

Afsnittet der rummer kulturmennesket er en meget blandet 'kasse'. Der er mennesker i det, der stadig har en meget ´primitiv´ mentalitet præget af egoisme, griskhed, magtsyge, jalousi, hævngerrighed, forfængelighed og selvfedme, som stadig kan nænne at dræbe andre levende væsener, og som synes, at vi er nødt til at spise dyr og have krige. Men der er også mennesker, der er meget medfølende og vil hjælpe dem, der lider nød, som er fortalere for fred og harmonisk sameksistens, som ikke kunne deltage i drab og derfor ikke spiser kød, og som udstråler alkærlighed. På den måde repræsenterer kulturmenneskeafsnittet mennesker på mange forskellige udviklingsstadier. Men vi er alle uden undtagelse på vej hen imod den gule sektion.

Den gule del - det rigtige menneskerige (følelsesenergien)

De, der er de mest alkærlige, befinder sig meget tæt på det sidste afsnit, der er 2/3 orange og 1/3 gul. Dette afsnit repræsenterer den sidste del af dyreriget. Det er her, hvor det jordiske menneske kaster de sidste af sine dyriske tendenser af sig og gradvist bliver et rigtigt menneske. Et rigtigt menneske udstråler alkærlighed, og han / hun elsker alle andre væsener. Et sådant væsen har afsluttet sin passage gennem mørket og gennem sin erfaringshøst over mange liv, gennem lidelser og elendighed på det fysiske plan har han / hun udviklet sin evne til at mærke andres lidelser. Et sådant væsen har udviklet en stærk empati og medlidenhedsevne. Det kan ikke skade andre, fordi det i sit skæbneelement har bevaret et ekko af, hvad det vil sige at lide. På grund af sin egen passage gennem mørket har det udviklet sit talent for medfølelse og på den måde bliver det efterhånden et alkærligt væsen.

Når mennesket er udviklet til et alkærlig væsen, forlader det den orange sektion og går ind i det gule afsnit, som repræsenterer det virkelige menneskerige. Den gule sektion er domineret af følelsesenergien. Der er to og 1/3 gule sektioner under den sorte linje til højre. Disse gule afsnit repræsenterer det rigtige menneskerige her på jorden.

I det rigtige menneskerige har alle væsener nået det punkt, hvor de alle udstråler alkærlighed og kun ønsker at tjene andre. Alle elsker alle, og alle former for grusomhed er for længst afskaffet. Verdens rigdomme er fordelt jævnt blandt alle mennesker, så der er ingen fattigdom, og alle er rige. Pengene er blevet afskaffet, og hele verdens rigdom tilhører alle. Der er kun én stat på planeten: Jorderiget. Det betyder, at al krig er udryddet og fred på Jorden er blevet en realitet. Et planetarisk sprog vil blive talt af alle, og de lokale sprog vil kun blive talt lokalt, hvis de overhovedet bliver talt. Der er ikke længere nogen privatejendom, og alle kan nyde de mange kulturelle arrangementer inden for kunst, musik, opera, litteratur, videnskab, rejser osv., som er til rådighed. Alt hårdt arbejde er blevet overtaget af maskiner, og folk arbejder kun et par timer om ugen og kun inden for de felter, hvor de har deres interesser og talenter. Ingen bliver udnyttet. Alle lever udelukkende på en plantebaseret kost og derfor er alle sygdomme blevet overvundet. Der er ikke behov for hospitaler og plejepersonale.

Åndsvidenskaben vil blive det filosofiske grundlag i dette rige, og mange af dets indbyggere vil nå frem til det punkt, hvor de har opnået kosmisk bevidsthed.

Vi vil nå dette rige beboet af rigtige mennesker i løbet af de næste 3000 år, siger Martinus. Men i løbet af 500 år vil den sidste krig blive udkæmpet på denne planet, og fra da af går det hurtigt. Flere og flere mennesker vil gennem deres lidelser have udviklet sig til empatiske og medfølende væsener, og deres antal vil vokse, fordi vi alle er på vej imod fuldkommenhed. Når vi lever liv efter liv, bevæger vi os fremad i evolutionen, og formålet med denne proces er at blive mennesket i Guds billede efter hans lignelse, som allerede forklaret.

Når vi har nået det punkt, hvilket er uundgåeligt, fordi det er en del af den store plan, vil et rige af færdige, rigtige mennesker blive en realitet. Et eksempel på et rigtigt menneske er Jesus, og tænk bare på, hvordan et rige vil være, hvor alle beboerne opfører sig som ham. Det vil være et så velsignet sted, at vi næppe kan forestille os hvor herligt, det er at bo og leve der.

Når vi har levet i det rigtige menneskerige i en periode, er vi kommet frem til den sorte linje til højre. Det betyder, at vi er klar til at forlade det fysiske plan. Vi har lært alt, hvad der er at lære der, vi er blevet rigtige alkærlige mennesker, og vi har oplevet kontrast i form af de lidelser, vi gennemlevede under vores passage af dyreriget, den orange sektion. Vi har set og følt hvordan mørket kan manifestere sig, og med dette frisk i vores bevidsthed er vi klar til at komme ind i den åndelige verden. Det er på det punkt, at vi holder op med at reinkarnere. Vi har ikke mere at lære på det fysiske plan, og skolen er forbi i denne omgang. Vi har nu fået vores kandidateksamen med æresbevisninger og vil nu leve i umådelige tider i de åndelige verdener.

De åndelige verdener

De åndelige verdener udgør den del af cyklussen, der ligger over de to sorte linjer på symbolet. Farven gul repræsenterer den åndelige del af det rigtige menneskerige som netop forklaret.

Den grønne del, som domineres af **intelligensenergien**, repræsenterer visdomsriget. Her er vi sublime mestre i visdom og de højeste kapaciteter indenfor al skabelse i universet.

Den blå del, som domineres af **intuitionsenergien,** repræsenterer den guddommelige verden, og her kommer vi ind i Guds primære bevidsthed og bliver ét med Gud. Her sidder vi inde med alle svar på alle spørgsmål, og vi har adgang til al viden om universet. Det er så højt op, som vi kan komme.

Den indigofarvede del, som domineres af **hukommelses- eller salighedsenergien**, repræsenterer salighedsriget eller hukommelsesriget. I dette rige lever vi i vores minder fra hele den cykliske passage, vi har gennemlevet. Det er fra hukommelsesriget, at al reinkarnation i fysisk materie finder sted. Når vi har afsluttet den cykliske passage, der netop er beskrevet, og vi har levet i æoner af tid i de åndelige riger, vil vi igen begynde at længes efter en kontrast til det åndelige niveaus lys og kærlighed. Vi begynder så at forberede os på at træde ind på det fysiske plan endnu engang. Og som før, begynder al manifestation på det fysiske plan i mineralmaterie. Vi træder så ind i en ny cyklus, der igen består af de 6 riger, men på et højere niveau. Vi er så rykket et niveau op i spiralen, og det betyder, at vi aldrig gentager den samme cykliske passage.

I alle disse åndelige riger er der slet ingen lidelse. Der lever vi i lykke, salighed og glæde. Vi beskæftiger os med at studere og lære alt det, vi mest interesserer os for. Det er i sandhed et meget langvarigt ophold i paradiset, der venter os i de åndelige riger.

Med symbol nr. 22 har Martinus forklaret, hvordan vores evige eksistens foregår. Han har forklaret, hvad der sker efter Nirvana, efter Paradiset, efter et liv i guddommelig salighed. Og dermed har han løftet sløret for meningen med vores evige eksistens.

Da dette er en ´nøddeskals´ bog, hvis formål er at give læseren et let og kort overblik over argumenterne for reinkarnation, ligger en dybtgående forklaring på de åndelige riger og grundenergiernes egenskaber uden for bogens rammer. For mere dybtgående forklaringer på de særlige forhold, der gælder i de åndelige riger og grundenergiernes egenskaber anbefaler vi, at du læser bogen "Døden er en illusion" af Else Byskov.

Teodicé
Teodicé begrebet er et udtryk indenfor åndshistorien, der forsøger at forklare, hvordan man samtidig kan have en god og kærlig Gud og så al den lidelse, der findes i verden. Det er netop lidelsens eksistens, der gør, at mange bliver ateister og gudløse, fordi det ikke hænger sammen med religionernes insisteren på, at der findes en god og kærlig Gud. Men med Martinus forklaring af kontrastprincippet og symbol nr. 22 er det blevet klart, at lidelsen er en nødvendighed i eksistensens af et evigt univers. Der findes kun det ´ubehagelige gode´ og det ´behagelige gode´ - begge er lige vigtige og lige nødvendige.

Ting at tænke over fra Maria:

Jeg gentager, hvad Else sagde om at trykke symbolerne ud, især dette her (nr. 22), da det var en stor hjælp for mig, for så var det let at følge forklaringerne.

Ang.: Kontrast
Selvom jeg godt forstod, at vi reinkarnerer for vores egen sjæls læring, og at lidelse og smerte er nødvendige for at

vi kan udvikle medfølelse og på den måde udvikle os åndeligt, så må jeg indrømme, at begrebet kontrast tilføjede en helt ny dimension til mit verdensbillede. Har du tit tænkt over, som jeg havde, hvorfor vi ikke kan være lykkelige hele tiden? Da jeg læste Elses bog ´Death Is An Illusion´ (Døden er en Illusion), og stødte på kontrastbegrebet, var der adskillige lys, der gik op for mig. Selvfølgelig! Hvis vi ikke havde nogen kontrast, ville vi kede os til døde, og der ville ikke være noget til at stimulere os, hvis vi ikke kunne opleve kontraster. Elses forklaring i den bog blev ´siddende´ - hun sagde, at vi ikke kan male et hvidt billede på et hvidt lærred. Jeg forestillede mig at forsøge at male en hvid svane på et hvidt lærred og indså, at man selvfølgelig ikke ville kunne se det. Der ville ikke være nogen kontrast. På samme måde er der polaritet. Vi må have modsætninger. Det er simpelt nok, når du tænker over det, men det meste af tiden tænker vi alt for lidt.

Den evige forbindelse mellem Gud og os er den første del af symbolet, som Else forklarer. Faktisk tror mange mennesker ikke på Gud, de er ateister eller ´hader´ Gud og alt det, han står for. Dette skyldes i høj grad, hvordan Gud er blevet misbrugt og misforstået af mange religioner. Mere om dette snarest.

Guds kærlighed til os er evig. Uanset hvor grufulde vores forbrydelser har været, kan hans tilgivelse aldrig holdes tilbage, hvis vi beder om det og virkelig ønsker det. Sandheden er, vi alle er en del af ham, af hans guddommelige skabelse; vi er hans børn, og derfor vil han aldrig forkaste os. Hvad kunne denne viden ikke betyde for dig i dit liv nu, hvis du er overbevist om, at Gud ikke elsker dig, eller at han har forladt dig? Hvad hvis du er plaget af skyld over tidligere overtrædelser eller 'synder', som du fortsætter med at straffe dig selv for? Ville det ikke gøre en enorm forskel i dit liv, hvis du kunne tillade dig selv at tro på, at Gud vil tilgive dig, aldrig vil vende sig væk fra dig, og altid er der for dig? Det eneste du behøver at gøre, er at bede, så kommer hjælpen.

Meget af vores mangel på tro på Gud skyldes religion. Men som Else påpeger, er Gud højt hævet over alle religioner. Det er mennesket, der har forvansket opfattelsen af Guds og brugt religion på den mest forkastelige måde for at få magt over mennesker. Historisk set troede konger og dronninger, at de var blevet udvalgt af Gud til at herske over resten af os dødelige, og de plyndrede, torturerede, dræbte, gik til krig over land og ejendom og mente, at de var i deres gode ret til det. Vatikanet var lige så korrupt og ondt, mens det påstod, at det prædikede Guds ord. Det var hykleri i højeste potens. Selv i dag er der så mange krige i Guds navn. Disse er alle røgslør for at skjule sandheden - at religion hovedsagelig handler om magt, korruption og griskhed. Det har meget lidt at gøre med hvem Gud virkelig er. I lyset af alt dette er det ikke så mærkeligt, at så mange mennesker har vendt sig bort fra Gud og fejlagtigt tror på, at Han er årsagen til så meget uretfærdighed.

Martinus´ forklaring på sandheden om, hvem Gud er, er meget langt væk fra nogen form for religiøs doktrin. Den giver os mulighed for at lade skællene falde fra vores øjne og omfavne en helt ny virkelighed, der ikke har noget at gøre med religion. Universets grundtone er kærlighed. Det er hertil, vores rejse tager os. Tilbage til kærlighed og oplysning. Tilbage til Gud.

Rejsen gennem evigheden i Symbol nr. 22 er tydelig og let at følge, og alligevel er det svimlende både i sin kompleksitet og sin enkelhed. Hvad der er mest forbløffende af alt, er prognosen for menneskeheden og for jorden - at i sidste ende vil der ikke være flere krige, ingen fattigdom, og at vi vil alle, hver og en af os, gennem vores mange livs lidelser og erfaringer, vil udvikle os til at blive mennesket i Guds billede efter hans lignelse. Vi bliver færdige, medfølende, alkærlige væsner. Forestil dig himmelen på jorden, som kommer, som Martinus forudsiger det, om 3.000 år.

Når du tror eller føler, at verden er et forfærdeligt sted, at jorden lider, at vores planet vil dø, får Martinus' arbejde dig til at indse, at dette ikke er sandheden. Der hersker en langt større og mere storslået sandhed on livet og universet, og vi kan aldrig omgå eller ændre på Guds plan.

Ang.: Teodicé

Jeg er nødt til at komme med en sidste kommentar her, og jeg spekulerer på, om dette begreb også sprang jer i øjnene ligesom det gjorde for mig? Hvor mange gange har du ikke hørt folk sige: ´Der findes ingen Gud! ´ Eller ´Hvordan kan der være en Gud, hvis Han lader disse forfærdelige ting ske for uskyldige mennesker? ´ Jeg ved at jeg selv har tænkt over det og har hørt andre sige det tusindvis af gange. Og jeg har også kendt mange ateister som blev det pga. den opfattelse, at en god og kærlig Gud ikke ville tillade at disse ting skete. Men sikke en klarhed jeg opnåede, da jeg forstod det fra Martinus´ perspektiv. Jeg kunne nu se storheden i dette indtil nu ukendte vældige livsdesign. Hvordan kan man på nogen måde betvivle denne forklaring? Får det dig ikke til at forstå, at der er en grund til vores lidelser, især den lidelse, der synes så forfærdeligt uretfærdig og urimelig? Vi har alle lidt, og Gud har sørget for at vores lidelser er en del af vores sjæls rejse hen imod at vi til sidst bliver indviede væsner. Det ligger måske nok langt ude i fremtiden for de fleste af os lige nu, men jeg tvivler slet ikke på, at vi alle bliver det engang.

8. Konklusion

Étlivs teorien er stadig dominerende i den vestlige verden. De fleste mennesker tror, at vi kun lever én gang, og at de dør, når kroppen ikke længere fungerer og at deres bevidsthed bliver udslukket. De tror, at de ophører med at eksistere, når deres krop dør. Denne idé skaber megen sorg, angst, elendighed, bekymring, og tristhed. Den betyder, at mange mennesker har en helt ubegrundet frygt for at dø. Étlivs teorien er den værste, tammeste og mest falske teori, der nogensinde er skabt. Den er langt ude. Den har ingen rod i virkeligheden.

Den død, som étlivs teorien kundgør, eksisterer ikke. Det er en tankekonstruktion, der ikke har noget fundament i virkeligheden. Étlivs teorien er aldrig blevet bevist. Den er aldrig blevet bevist, og den kommer aldrig til at blive bevist, for det er ikke sådan, det er. Når vi dør, trækker vi vores ånd ud af den fysiske krop, som kun var et instrument for vores åndskræfter. Efter et hvil på det åndelige plan reinkarnerer vi. Vi er vores ånd og vores jeg, vi er IKKE vores fysiske krop. Vores fysiske organismer ændrer sig, i takt med at vi skrider fremad gennem cyklussen som illustreret på symbol nr. 22, og døden er en illusion. Vi dør aldrig. Vi kan ikke dø. Vi kan kun udskifte ét fysisk instrument med et ny. Døden er et udskiftnings- og fornyelsesprincip. Døden er ikke nogen endelig destination.

Det er dejligt at dø. Det er en meget behagelig oplevelse at trække sin ånd ud af en krop, der er blevet gjort ubrugelig gennem ulykker, slid, sygdom eller alderdom. Det er som at kassere en gammel, rusten bil og få en ny. Døden er et guddommeligt fornyelsesprincip, og for hvert liv, vi lever, bliver vores organismer mere og mere raffinerede, for i takt med at vores mentalitet bevæger sig væk fra egoisme og selviskhed og bliver mere defineret af humanisme og alkærlighed, så skal vores kroppe følge trop. Det er ånden, der skaber kroppen, som vi så i kapitel 5. For hvert liv vi lever, bliver vi en bedre, mere intelligent, mere human og smukkere version af os selv.

Det betyder, at vores fremtid er lys og vidunderlig. Vi skal alle blive til mennesker i Guds billede efter hans lignelse – vi skal blive til mennesker, der kun kan gøre det gode og udstråle alkærlighed. Vi er små brikker i den store guddommelige plan. Eftersom det er Guds vilje, at vi alle til sidst bliver til mennesker i Guds billede efter hans lignelse, hvilken magt skulle så kunne forhindre det?

Marias konklusion

I 1966 blev Elizabeth Kubler Ross´ klassiker "On Death and Dying" udgivet, og i løbet af hendes levetid solgte hendes bøger millioner af eksemplarer og er blevet oversat til 27 sprog. Men på trods af det banebrydende arbejde, som denne begavede læge og psykiater præsenterede for verden, hersker frygten for døden stadig. Så hvorfor frygter vi stadig døden så meget? Så mange af os tror på, at døden er enden, og for dem der tror det, synes det selvfølgelig tragisk at miste en person, de elsker, men det er endnu mere skræmmende at tænke på vores egen død. Jeg kender mange mennesker, som tror på, at der kun er glemsel efter døden, at når du dør, så går lysene ud og så er der ikke mere. Dette liv er alt, hvad vi får, vi får kun ét forsøg. Så døden skal man frygte, fordi den betyder at det er slut med 'os'.

Der er også frygten for smerte - både fysisk og følelsesmæssig. Vi tænker måske over, om vores egen fysiske smerte, når vores tid kommer, bliver forfærdelig, og hvor meget vi kommer til at lide? Ingen ønsker at tænke på, at de selv skal have store smerter eller at deres kære skal lide. Og så er der den følelsesmæssige smerte. Forestil dig, at du er en forælder, der ligger for døden, og du har små børn, der har brug for dig. Døden er det monster, der vil tage dig væk fra dine elskede børn og lade dem være uden mor eller far. Set fra étlivs perspektivet er døden virkelig et monster, der skal frygtes.

Og at miste en elsket person er ofte (men ikke altid) uudholdeligt smertefuldt. Vi er nødt til at gå gennem Kubler Ross´ 5 sorgstadier.

Uanset om vi tror på liv efter døden eller ej, skal vi gennemgå tabet af vore kæres fysiske tilstedeværelse i vores liv, og selv når du tror på liv efter døden, må du muligvis stadig gå igennem sorgprocessen. Det betyder tårer, tristhed og en tid til at komme til at acceptere tabet. Ikke at nære disse følelser synes følelsesløst, og vi er mennesker med masser af følelser. Tabet af et elsket væsen vil altid være smertefuldt i en vis grad, men jeg finder enorm trøst i at vide, at vores kære blot er ovre på den anden side af "sløret", i den åndelige verden - jordens aura. Selv om vi ikke kan se dem, vil det at vide, at vi vil blive genforenet med dem igen, når vores tid kommer til at passere over, bringe utrolig glæde i vores hjerter. Som Elizabeth Kubler Ross ("Tunnelen og Lyset") udtrykker det:

"Det begynder at gå op for mange mennesker, at den fysiske krop kun er et hus eller et tempel eller - som vi kalder det – puppen, som vi arver i et vist antal måneder eller år, indtil vi foretager den passage vi kalder døden. Når vi dør, afkaster vi denne puppe, og vi er igen lige så frie som sommerfuglen, for at bruge det symbolske sprog, vi bruger, når vi snakker med døende børn og deres søskende. "

Hvor er det smukt at tænke på vores kære, når de er passeret over, og når vi selv gør det, at vi bliver "så frie som sommerfuglen ..."

Vi håber, at du har nydt denne første bog i 'Nøddeskals´ serien om Martinus´ forbløffende arbejde. Else og jeg har virkelig nydt at skrive og diskutere disse emner under udarbejdelsen af denne bog. Vi håber, at vi har givet dig nok solid information til selv at afgøre, om reinkarnation er faktuel eller bare en fantasifuld idé. Vi har fremlagt nogle af de beviser og argumenter, der overbeviste os, og vi håber, at du finder beviserne overbevisende. Men i sidste ende er det kun dig, der kan beslutte hvad du vil mene, for din rejse er din, og din alene. Må din rejse være både velsignet og lykkelig.

Et ord til sidst: Jeg, Else, kan ikke længere forestille mig, hvordan det ville være at tro på, at jeg kun levede én gang. Jeg har fået min overbevisning om min egen udødelighed så meget ind under huden og mit udsyn er blevet udvidet til nye dimensioner på grund af mit studie af Martinus´ værk, at den fremherskende verdenssyn i dag med étlivs teorien, Ragnarok lige rundt om hjørnet, uretfærdighed og tilfældigheder, der styrer vores skæbne er blevet det rene nonsens for mig. Jeg ved, at det er en del af den gængse forståelse, og at de fleste mennesker holder fast i den, men det gør den ikke til den endelige sandhed. Jeg er overbevist om, at den endelige sandhed ligger i Martinus´ værk. Det er så stort og det er så logisk. Der er så meget mere til i verden, end det vi kan se med vores fysiske sanser, og når vi indser, at åndelig materie er tankemateri, og at alt er opstået ud fra tanker, så bliver det tydeligt, at vi lever i et bevidst univers. Og dette univers er Gud. Dette er ikke noget, jeg tror, det er noget, jeg ved.

Forfatternes biografier

Else Byskov:

I dag er jeg en autoritet inden for Martinus´ åndsvidenskab. Martinus (1890-1981) var en danske filosof, visionær og mystiker, og dette er min 7. bog om aspekter af Martinus´ kosmologi. Men før jeg stødte på Martinusmaterialet (omfattende over 10.000 sider), var jeg en overbevist ateist i mange år, så det kom som en overraskelse, at jeg blev forfatter til åndelige bøger. Jeg var også en søgende sjæl, og fordi jeg søgte efter svar, kom disse svar til sidst til mig. Svarene kom i form af en bog om Martinus, der ´tilfældigvis´ faldt ned i mit skød. Så snart jeg havde sat mig ind i Martinusmaterialet, blev jeg så begejstret, at jeg måtte fortælle nogen om det, for her fandt jeg logiske svar på mine mange spørgsmål om livet, døden og begges mysterium. Det resulterede i min første bog: Døden er en illusion. En logisk forklaring baseret på Martinus' verdensbillede´. Jeg skrev bogen på engelsk og den udkom i 2002. Man kan se alle mine engelske bøger på mit website: newspiritualscience.com

I dag er jeg ikke længere ateist, og jeg er fuldt overbevist om, at der ikke findes nogen død: døden er en illusion. Alle mine bøger præsenterer det logiske grundlag for denne påstand.

Jeg er dansker. Jeg har universitetsgrader i spansk og engelsk filologi, og jeg skriver mest på engelsk. Fire af mine bøger er blevet udgivet på dansk (dette er min 5.), en på tysk ("Der Tod Ist eine Illusion"), og den spanske version af "Death Is an Illusion" blev udgivet i 2011 med titlen "La muerte es una ilusión". Alle mine bøger på alle sprog kan ses på mit website: elsebyskov.com

Jeg skriver også vandrebøger om Andalusien, hvor jeg bor. Indtil nu er der udkommet fire titler på dansk: "Fod på Andalusien" og "Fod på Andalusien 2 og 3 og 4". På engelsk har jeg udgivet "On Foot in Andalucía", som er blevet en Amazon bestseller. Den samme bog er kommet ud på tysk med titlen: "Zu Fuss in Andalusien". Jeg er meget vild med at vandre og Andalusien er en Eldorado for vandrere med masser af vild, uberørt natur.

Jeg er overbevist vegetar (nu veganer) og jeg har skrevet en vegetarisk kogebog sammen med Declan McMahon. Titlen er: Platefuls of Pleasure, og den er også tilgængelig på Amazon. Jeg har også skrevet en vegetarisk kogebog på dansk, der hedder: Glad mad (Saxo.com).

Jeg bor i det sydlige Spanien med min mand. Vandring og skrivning er, som du sikkert har gættet, mine to største lidenskaber i livet. Mine børn er alle voksne.

Mine websites: <u>www.newspiritualscience.com</u>   <u>www.elsebyskov.com</u>
<u>www.deathisanillusion.dk</u>

på mit website newspiritualscience.com kan du finde alle mine spirituelle bøger på engelsk og min blog med over 40 artikler, der besvarer nogle af livets store spørgsmål. Der er også en masse gratis materiale man kan downloade, såsom artikler, lydforedrag, videoer, podcasts and gratis kapitler fra mine bøger. Fra websitet kan man abonnere på mit månedlige newsletter. Besøg også min Facebook side https://www.facebook.com/Newspiritualscience.101/

Maria McMahon:

Jeg blev certificeret i klinisk NLP / Hypnoterapi i London i 1993 og fik min BSc i psykologi i 1996. For ikke så lang tid siden (2014) kvalificerede jeg mig som lifecoach og udgav to bøger, "Law of Attraction Shortcut Secrets" og "A Pocketful of Thank You", begge kan købes på Amazon og andre online boghandlere.

Jeg er også fascineret af neurovidenskab og Brainwave Entrainment, og jeg har udviklet "Cogni-Fusion lydtræning", som er en unik form for hypnose der går ned i mange bevidsthedslag.

Du kan finde ud af mere på www.atuneu.com

Jeg har også udviklet programmet "Your time to shine", som er et 12 uger langt program til at træne Empowered Living, et online coaching program for kvinder, der søger at overvinde personlige blokeringer og misbrug, og som hjælper dem med at komme til at leve et lykkeligere liv.

Klik her hvis du vil vide mere:
www.yourtimetoshinewithmaria.com

Bliv ven med mig på Facebook, hvor jeg har adskillige grupper og pages, bl.a gruppen Self-Help, Spirituality & Wellness Books, som nu har over 2,000 medlemmer. Både forfattere og læsere er velkomne.

Besøg gruppen her:
https://www.facebook.com/groups/selfhelpspiritualbooks

Infinite Self-Worth for Women er min private Facebook Gruppe for kvinder, som søger hjælp og råd til at komme over personlige problemer såsom misbrug i barndommen, misbrug fra narcissister, PTSD, CPTSD og mere.

Klik her hvis du vil vide mere: www.infiniteselfworth.com
https://www.facebook.com/groups/infiniteselfworthafternarcissisticabuse/

Og endelig kan du konnekte med mig direkte på mine Facebook sider

https://www.facebook.com/infiniteselfworthafternarcissisticabuse/

Udover min kærlighed til spiritualitet og personlig udvikling, har jeg altid elsket at rejse og studere international kultur. Over de sidste 34 år har jeg boet i Tyskland, London, Hong Kong, Dubai, Abu Dhabi og Azerbaijan. Nu bor jeg i Sydspanien. Jeg er ex-katolik, dyreven, vegetar (næsten veganer!) og jeg deler min udsigt over Middelhavet fra min lejlighed med mine tre tidligere hjemløse hunde Levi, Skye, & Reuben. Jeg elsker at møde nye mennesker og forsøge at hjælpe til med at gøre verden et bedre sted at være.

Jeg glæder mig til at skrive flere bøger i Nøddeskals serien sammen med min kære ven, Else Byskov.

Kære læser...

Et sidste ord ... hvis du har haft glæde af at læse denne bog, så beder vi dig om at du lige bruger et par minutter på at skrive en anmeldelse på Saxo.com eller Amazon.com. Vi er meget taknemmelige over, at du har læst bogen og en anmeldelse er meget vigtig for os.

Andre bøger af Else Byskov:

"Death Is an Illusion" (Paragon House Publishers, USA 2002)
"Der Tod Ist eine Illusion" (Martinus Verlag, Germany 2006 and BOD, De 2014)
"La Muerte Es Una Ilusión" (Corona Borealis, Spain 2011)
"Døden er en illusion", (BOD, DK 2011)
"The Art of Attraction" (Create Space, USA 2011)*
"Loven for tiltrækning" (Kosmologisk Information, DK 2008 and BOD, DK 2011)
"The Beginning Is Near" (Create Space, USA 2016)
"Ti nye måder at se verden på – På forkant af et nyt verdensbillede" (BOD, DK 2010)
"The Undiscovered Country – A Non-religious Look at Life after Death" (Create Space, USA 2010)
"The Downfall of Marriage" (Create Space, 2016)
"Ægteskabets Nedtur" (BOD, Dk 2010)
"Key Life Lesson from Martinus, the Modern Mystic" (Create Space, USA 2018)
"Platefuls of Pleasure" (vegetarian cookbook with Declan McMahon), Create Space 2017
"Glad Mad – en vegetarisk kogebog uden dikkedarer" (BOD, DK 2010)
"Fod på Andalusien – 40 udflugter med indlagt vandring i den sydspanske natur". (BOD, DK 2011)
"On Foot in Andalucía – 40 hiking excursions in Southern Spain" (Create Space, USA, 2014)
"Fod på Andalusien 2 – 25 udflugts- og vandreture øst og nordøst for Málaga" (BOD, DK 2014)
"Fod på Andalusien 3 – 25 udflugts- og vandreture vest og nordvest for Málaga" (BOD, Dk 2016)
"Fod på Andalusien 4 – 27 udflugts- og vandreture vest, nord og øst for Málaga" (BOD, Dk 2019)
"Zu Fuß in Andalusien - 40 Wanderausflüge in Südspanien." (BOD, De 2015)

Andre bøger af Maria McMahon:

"Law of Attraction Shortcut Secrets' (Create Space, USA 2016)*

"A Pocketful of Thank You", (Kindle, USA 2016)

*Disse to kan købes som en Book Bundle in Kindle (USA, 2018) https://www.amazon.com/Book-Bundle-Attraction-Shortcut-Secrets-ebook/dp/B072HK4F53/ref=sr_1_1?s=books&ie=UTF8&qid=1545302167&sr=1-1&keywords=Book+bundle+Else+Byskov+Maria+Mcmahon

Alle bøger kan købes fra de forskellige Amazon websites eller fra Saxo.com

Bibliografi

Bøger på engelsk:

Alexander, Eben, Dr:
"Proof of Heaven: A Neurosurgeon's Journey into the Afterlife", Hachette Digital, London, 2012

Bowman, Carol:
"Children's Past Lives. How Past Life Memories Affect Your Child", Bantam, New York, 1997.
"Return from Heaven", Harper Collins, New York, 2001

Byskov, Else:
"Death Is an Illusion", Paragon House Publishers, St. Paul, USA, 2002
"The Art of Attraction", Create Space (Amazon.com), 2010
"The Undiscovered Country", Create Space (Amazon.com), 2010
"The Beginning Is Near – New Perspectives on Life", Create Space (Amazon.com), 2016

Haraldsson, Erlendur, PhD and James D. Matlock PhD:
"I saw the Light and Came here". White Crow Books, 2016.

Kübler Ross, Elisabeth, Dr.:
"On Death and Dying" (1969)
"Questions and Answers on Death and Dying" (1974)
"Death: The Final Stage of Growth" (1975)
"To Live Until We Say Goodbye" (1978)
"Living with Death and Dying" (1981)
"The Wheel of Life" (1997)
All published by Touchstone, Simon and Schuster, New York

"The Tunnel and the Light: Essential Insights on Living and Dying, with A Letter to a Child with Cancer.

Published by De Capo Press, Boston, 1999

"On Life after Death", Celestial Arts, Berkeley California (1991)

Moody, Raymond, Dr:
"Life after Life" (1977).
"Reflections on Life after Life" (1978), both published by Mockingbird Books, Georgia
"The light beyond". New York, Bantam,1988.

Osis, Karlis PhD & Haraldsson, Erlendur PhD:
 "At The Hour of Death", Hastings House, Connecticut 1977.

Radin, Dean PhD.: "The Conscious Universe", Harper Edge, New York 1997.

Stevenson, Dr. Ian:
"Twenty Cases Suggestive of Reincarnation", University Press of Virginia, Charlottesville 1974.
"Where Reincarnation and Biology Intersect", Praeger, Westport, 1997.

Weiss, Brian L. M.D.:
"Many Lives, Many Masters", 1988.
"Through Time into Healing", 1992, both published by Fireside, Simon and Schuster, New York
"Only Love Is Real", Warner Books, New York, 1996.

Bøger på dansk:

Byskov, Else:
"Døden er en illusion", BOD 2012
"Ti nye måder at se verden på – på forkant af et nyt verdensbillede", BOD 2011
"Loven for tiltrækning", BOD 2010 – alle til salg på www.saxo.com

Martinus:
"Livets Bog" (7 bind) 1932-1960.

"Det evige verdensbillede" (6 bind) 1987-2015.
"Logik" 1987.
"Bisættelse" 1951.
"Artikelsamling 1" 2002.
"Den intellektualiserede kristendom", 2004

Småbøger:
1 "Menneskehedens skæbne"
2. "Påske"
3. "Hvad er sandhed"
4. "Omkring min missions fødsel"
5. "Den ideelle føde"
6. "Blade af Guds billedbog"
7. "Den længst levende afgud"
8. "Mennesket og verdensbilledet"
9. "Mellem to verdensepoker"
10. "Kosmisk bevidsthed"
11. "Bønnens mysterium"
12. "Vejen til indvielse"
13. "Juleevangeliet"
14. "Bevidsthedens skabelse"
15. "Ud af mørket"
16. "Reinkarnationsprincippet"
17. "Verdensreligion og verdenspolitik"
18. "Livets skæbnespil"
19. "Kosmiske glimt"
20. "Meditation"
21. "Hinsides dødsfrygten"
22. "Livets vej"
23. "De levende væseners udødelighed"
24. "Kulturens skabelse"
25. "Vejen til Paradis"
26. "Djævlebevidsthed og Kristusbevidsthed"
27. "Verdensfredens skabelse"
28. "To slags kærlighed"

Adskillige artikler fra månedsbladet "Kosmos", som bliver udgivet af Martinus Institute.

"Samarbejdsstrukturen", Martinus Institut, København 1992.
"Gennem dødens port – søvnen og døden" (hæfte).
"Vejen til den sande lykke" (hæfte).

Alle småbøger, Kosmos og artikler er blevet udgivet af Martinus Institut, Mariendalsvej 94-96, 2000 Frederiksberg, København. Danmark.

Martinus Instituts website er: www.martinus.dk – en del af Martinus´ værk kan læses online på websitet.